美의 기쁨

美의 기쁨

– 哲學的 斷想 –

金 河 豊 지음

한양대학교 출판부

머리말

*참된 시는 지상의 복음을 선포한다. 즉 시는 우리를 내적인 빛남과 외적인 아늑함을 통하여 우리를 억누르는 이 세상의 멍에에서 해방시킬 줄 안다.**

-괴테 『시와 진실』에서

석가의 출가에 관해 사문출유四門出遊의 전설이 있다. 그는 젊은 왕자의 몸으로 궁성의 동서남북의 문 밖에 나서자, 한번은 노인, 한번은 병자, 한번은 죽은 사람, 한번은 승려의 네 광경에 마주친다. 인생의 사고四苦의 모습이다. 그는 이와 같은 인생고를 통감하고 출가한다. 아마 우리가 사는 21세기에도 인생을 심각히 생각하는 사람 치고 삶의 괴로움을 인정하지 않는 사람은 없으리라. 아직도 사람은 늙어 가고, 병에 신음하고, 죽어 가기는 마찬가지다. 어떤 면에서 이 시대는 문명의 혜택으로 석가가 본 인생고를 많이 덜어주었다고 하겠다. 또 인류에게 옛날에는 꿈도 꾸지 못하던 생활의 편리와 온갖 쾌락을 가져 왔다. 하지만 삶의 짐은 참으로 덜어졌다고 할 수 있을까?

---

* "Die wahre Poesie kündet sich dadruch an, dass sie, als ein weltliches Evangelium, durch innere Heiterkeit, durch äusseres Behagen uns von den irdischen Lasten zu befreien weiss, die auf uns drücken." (*Dichtung und Wahrheit*, Dritter Teil, Dreizehntes Buch)

과거에는 신神의 종교가 삶의 짐을 경감해 주었다. 그러나 오늘날 신은 문명의 위력 아래 그 마력을 잃었다. 동시에 문명은 인간에게 새로운 욕망을 갖다 주었다. 그것은 오히려 욕망충족을 위한 생존경쟁을 심화시킬 뿐이다. 그리하여 경쟁의 패자는 말할 것도 없고 승자에게도 불행을 가져오기만 한다. 오늘날 이 현상은 온갖 형태로 세계화되고 있다. 문명이 가져오는 인생고는 석가가 통감한 인생고와 성질의 차이가 있을지 모른다. 그러나 그것이 과연 인생의 짐을 얼마나 덜어 주었는가? 더욱이 문명이 인류에게 약속하는 미래가 무엇인가? 경쟁과 싸움의 심화가 아닌가? 폭력이 위력을 쓴다. 문명은 드디어 자멸의 무기까지 마련하였다. 그뿐인가? 또 문명은 자연의 생태를 위협하고 있다. 이제 인류는 막다른 골목에 들어섰는가?

나는 이 책에서 인류의 구원을 위해 죽은 신을 불러일으키려고 하지 않는다. 하늘의 신은 하늘에 모셔라. 새 신을 이 땅위에 맞이하자는 것도 아니다. 그러나 나는 미美의 세계에서 신을 찾는다. 이 신을 불성佛性이라 해도 좋다. 이 신은 형상이 없다. 사실 무슨 존재가 아니다. 무아無我다. 그러니 숭배의 대상이 될 수 없다. 이 신은 미를 의식하는 영靈과 같이 한다. 아니,

바로 그 영이다. 영이 존재하는가? 영은 존재를 초월한다. 즉 초超시간이다. 그런 뜻에서 영원한 영이라 하겠다. 존재를 초월하니 신이다. 부처다. 나는 이 신의 숨결을 심미審美하는 마음에서 의식한다. 아름다운 석양을 바라다보며 황홀경에 들어가는 무아無我의 마음에서 찾는다. 신이나 영이라는 말이 하나의 존재를 뜻하듯이 들리는가? 그러면 신적神的 혹은 영적靈的이란 형용사에 그쳐도 좋다. 미의 경험은 영적이요 신적이다.

인간의 심미 능력이 문명의 발달과 더불어 발전되었음은 부정할 수 없다. 그런 뜻에서 우리의 미의 세계 또한 더 넓어졌다고 할 수 있겠다. 이것이 꼭 다행한 일이라고 보지 않는다. 노자가 『도덕경』 제 80장에서 그의 이상촌을 그리면서 "〔백성들이〕 먹는 것을 달게 먹고/ 입는 것을 곱게 여기고/ 거처하는 곳에 편안하고/ 가진 풍속을 즐긴다"고 묘사한다. 아마 그런 사회의 심미 세계란 극히 소박한 것이리라. 하지만 거친 베옷을 입고도 곱게 여기는 미감이 화려한 명주를 입어야 만족하는 미감보다 그 진실함에 있어서 못하다고 누가 말하겠는가? 사실 참 심미의식은 소박한 심미심에 깃들기 쉬워도 유행을 좇는 사치심에서는 찾기 힘들다.

미의 세계는 빛의 세계이다. 거기에 생명의 약동이 있다. 미는 죽음을 초월한다. 몇 년 전에 루안다 학살 시에 부모를 잃은 어린 소녀가 동생들을 데리고 오두막이라고 부를 수도 없는 곳에 살면서, 한쪽 구석에 몇 줄기 풀잎이 꽂힌 병을 놓은 이야기가 있다. 또 제 2차대전 중에 체코슬로바키아의 테레진 나치수용소에 수감된 유태인들이 베르디의 "레퀴엠"을 상연한 이야기가 있다. 이와 비슷한 이야기가 무수히 많으리라. 다 절망과 암흑을 이기려는 생명의 모습이 아닌가? 루안다의 소녀는 몇 개의 푸른 풀 줄기에서 광명을 찾았으리라. 그리고 테레진 수용소의 유태인들은 "레퀴엠"을 부르면서 절망을 이겼으리라.

문명을 좇는 인류가 과연 막다른 골목에 들어섰는지 나는 모른다. 그러나 인간이 가진 심미의 능력에서 문명이 가져오는 생존경쟁을 벗어나서 하나 되는 가능성을 내다본다. 미의 세계는 시기나 겨룸을 모른다. 그 세계는 다 같이 삶을 축하하고, 함께 즐길 수 있는 세계가 아닌가? 미의 세계는 무아의 세계이다. 누가 아름다운 경치나 음악이 주는 감흥을 꼭 독점해야 만족하는가? 베토벤의 교향악 제 9번의 실연을 많은 청중과 같이 들어본 적이 없는가? 피날레에서 쉴러의 "환희에 부쳐서"를 합창하는 코러스가 거듭 “만민이여!” “만민이여!”하고 부르는 것을 어떻게 혼자 듣는가? 그것을 콘서트홀에서 듣는 기쁨은 혼자 방에서 CD로 듣는 것과는 아주 다르다. 만민과 함께 “서로 팔을 끼고” 듣는 장면을 상상하자. 미의 세계에서는 그것이 가능하다.

미의 의식은 정신집중을 요구한다. 그렇기 때문에 마음은 평화로워야하고 환경은 조용해야 한다. 이는 종교적 명상의 조건과 다르지 않다. 그러므로 심미심을 통하여 우리는 평화와 침묵의 귀함을 배울 수 있으리라. 싸움터에서 어찌 아름다운 석양을 즐기겠는가? 또 소요의 환경 속에서 어찌 음악을 감상할 수 있겠는가? 하긴 로크 음악이라는 것이 있다. 그 음악의 팬들이 떠들썩하면서 듣는 것을 흔히 본다. 그들이 참으로 그 음악을 감상하는가? 로큰롤도 정말 감상하려면 (잘 모르긴 하지만) 조용한 환경을 요하지 않을까? 나는 평화와 침묵을 사랑하는 문명을 그려 본다.

부록을 셋 달았다. 첫째와 둘째 것은 본문을 끝낸 뒤에 쓴 것이고, 셋째 것은 그것에 앞서 몇 년 전에 쓴 논문이다. 특히 이 논문에 대해서 몇 마디 변명을 해야겠다. 내용은 관련이 있지만 성격이 학술적인 것이어서 본문과 글의 스타일이 다르다. 첫째로, 텍스트에 한자 용어나 구절을 한글 표기 없이 사용한다. 둘째로, 이 논문에는 본문의 넷째 토픽(仁의 美)의 내용과 중복되는 것이 많다. 그뿐만 아니라 거기에는 본문과 거의 같은 문장들이 여러 번 나온다. 솔직히 말해서, 중복을 피하기 위해 논문에 손을 다시 대려고 했지만, 단념했다. 한 이유는 논문의 통일성과 이론 전개의 면에서 그것이 어려웠다. 독자의 양해를 구할 뿐이다. 덧붙여 말하지만, 본문에 『논어』에서 인용하는 구들이 자주 나오는데, 그런 구의 원문이 거의 다 논문의 텍스트나 주에 실려 있다. 유의하기 바란다.

2006년 6월

김 하 풍

차 례

제1장

美의 경험

1 한 농부가 밭에서 일하다 밭두둑에 앉아서 쉰다. 무심히 옆에 핀 외로운 민들레꽃에 눈이 간다. 내려 쪼이는 햇볕에 그 샛노란 빛이 유난히 밝다. 아, 어쩌면 저렇게 노랄까! 참 곱구나! 하고 감탄한다. 그는 오십 평생을 살면서 얼마나 많은 민들레꽃을 보았을까? 그러나 이 순간 민들레꽃을 생전 처음 보는 듯이 느낀다. 엄밀한 의미에서 처음 본다고 할 수 있으리라. 언제 그가 그렇게 주의해서 아무데나 자라는 저 잡초를 눈여겨 보았는가? 잎이 땅속줄기에서 무더기로 나는 저 잡풀. 그것이 밭에 나면 김매기해야 하는 일거리. 그렇게만 보았지, 언제 그것을 찬찬히 보면서 그 빛나는 노란 빛을 의식한 적이 있는가? 그가 그 미를 의식하는 순간, 그 꽃은 그의 눈에 마치 어떤 새로운 조명을 받아 나타나는 듯이 느껴진다. 물론 전에도 민들레의 노란 꽃을 보았다. 그러나 그 노랑에는 빛이 없었다. 그 빛없던 노랑이 갑자기 생생함을 띤다. 어떻게 보면 전에 본 민들레꽃의 노랑은 죽은 노랑이었다. 회색이었다. 그것이 지금 어떤 신비스러운 조명 아래 그 생기 있는 빛을 드러낸다. 그뿐인가? 그것을 의식하는 농부의 마음에 어떤 만족감이라 할까 가벼운 기쁨마저 솟아오른다. 미감이 온다.

이 미감이 어디서 오는가? 어떤 의미에서 이 농부가 지금 눈앞에 보는 민들레꽃이나 전에 늘 본 민들레꽃이나 다를 것이 없다. 같은 푸른 잎을 가진 노란 국화과의 다년초. 그러면 왜 갑작스레 이 미감을 느끼는가? 그것은 그가 이 순간 처음 심미안審美眼으로, 즉 심미하는 눈으로 그 꽃을 본 까닭이다. 과거에는 민들레를 농사에 해로운 무용지물로만 보았다. 그렇게 보는 그의 눈은 농사하는 농부의 실용적인 눈이었다. 지금 밭두둑에 앉아서 쉬며 옆에 핀 민들레꽃을 무심히 눈여겨보는 그의 눈은 그 실용적인 관심을 벗어난 눈이다. "무심히 눈여겨본다"는 말은 역설로 들릴지 모른다. "무심히"라고 하는 것은 바로 그 실용적 관심이 없음을 뜻한다. 이 평상시의 관심을 버렸기에 그는 생전 처음 그 샛노란 꽃을 "눈여겨볼" 수 있다. 그래서 시각에 드러나는 대로 의식할 수 있다. "무심"하기에 그 꽃 자체에 유의할 수 있다.

2 여기서 말하는 심미안이란 꼭 시각에 국한하는 말이 아니라 심미적 관점 혹은 태도 일반을 가리킨다. 그런 뜻에서 이 용어는 모든 예술 작품을 감상하는 태도를 뜻한다. 또 시나 다른 문학 작품을 심미적으로 읽는 것은 문학도들만 하는 일이 아니다. 누가 『장자莊子』의 소요유편逍遙遊篇의 붕鵬의 남명행南冥行의 장을 읽으면서 그것을 즐기지 않을 수 있겠는가? 그 즐

거움은 심미안으로 읽을 때 참으로 느낄 수 있으리라. 또 양생편養生篇에 나오는 포정庖丁의 해우解牛하는 이야기도 심미안으로 읽어야만 즐길 수 있으리라. 그렇지 않고서는 그저 황당무계한 소리로만 들리리라. 민들레꽃의 미를 발견하는 농부의 경우에서 보듯이, 자연현상도 심미안으로 음미할 수 있음은 물론이다. 실상 인간관계나 사람의 행실이나 인격과 같은, 말하자면 인간 현상도 심미적으로 판단할 수 있다. 한 쌍의 애인을 보고, 혹은 성자의 행실을 찬양하면서 "아름답다"고 하지 않는가? 공자는 인仁에 사는 미를 찬양했다.

미를 예술작품이나 문학작품 외에 자연이나 인간 현상에서도 발견할 수 있다는 사실은 심미의 세계가 거의 무한하다는 것을 보여 준다. 다만 개인이 가진 심미안의 능력에 따라 그 세계가 아주 좁을 수도 있고 넓을 수도 있다. 이 능력은 천성에도 관계되겠지만 어느 정도까지는 후천적인 것이다. 환경의 영향을 많이 받는다. 또 이 능력은 개인이 가꾸고 키울 수 있다. 심미안의 능력이라면 마치 그것이 시력이나 청력과 같이 하나의 생리적 기관으로 여겨질지 모르겠다. 그것은 오관 밖에 따로 있는 제 육감이 아니다. 앞에서 지적했듯이 심미안은 현재(즉 현재하는 대상)를 보는 태도다. 관점이다. 즉 마음의 시각이다. 생리적으로 말하면 두뇌의 한 작용이다.

3 마음을 빛에 비할 수 있겠다. 이 빛을 한 방향으로 던져서 어떤 대상을 비춘다. 즉 대상에 집중광선을 보낸다. 그래서 "주의注意"란 말을 쓰지 않는가? 마음을 한 곳에 "붓는다"는 것이다. 마음의 태도란 곧 주의하는 방향이다. 일상생활에 있어서 마음의 시각은 실용적이다. 사는 일이다. 하지만 문명 생활에 있어서 우리의 주의의 관점은 참으로 가지가지다. 종사하는 일에 따라서도 다르겠지만 또 종교적, 사회적 내지 문화적 배경이나 교양에 따라서도 다르다. 심미안도 역시 그런 관점 중의 하나다. 그런데 이처럼 많은 관점들 중에 태반은 보는 자가 자기의 소신이나 과업의 견지, 즉 자기중심의 관점에서 대상에 주의하는데 반해서 심미의 관점은 자기 자신의 관심을 떠나 대상 자체에 주의한다. (요가나 선종의 명상도 대상 중심이라 하겠다. 이들의 경우에는 주의의 대상이 현상이 아니라 브라만이나 불성이다.)

평생 민들레를 연구하면서 그 꽃의 미를 발견하지 못한 식물학자를 상상할 수 있다. 그도 식물학적 관점을 버릴 때, 즉 "무심히" 그 노란 꽃을 눈여겨볼 때, 비로소 그 미를 경험하겠다. 대상의 입장에서 볼 때 심미의 관점에서 보는 마음은 "열린 마음"이고 자기중심의 관점에서 보는 마음은 닫힌 마음이다.

마음이 자기 속에 닫혔으니 말이다. (여기서 "자기중심"이란 꼭 이기주의를 뜻하지 않는다.)

4 우리는 평상시에 자기중심의 관점에서 대상을 본다. 따라서 좀처럼 대상을 의식할 겨를이 없다. 이 말은 일견 이상하게 들리리라. 하지만 우리 자신의 경험이 쉽게 입증하리라. 나는 여기서 "의식"이라는 단어를 문자 그대로 "마음〔의意〕에 느낀다" 혹은 "깨닫는다"는 뜻으로 사용한다. 우리의 오관이 대상을 지각한다. 그 덕택으로 우리는 대상을 보고, 듣고, 맛보고, 냄새 맡고, 촉감을 느끼며, 다른 동물들에 못지않게 거동한다. 그러나 지각은 엄밀한 의미에서 의식이 아니다. 몸의 작용이지 마음의 작용(의식)이 아니다. 의식은 주의를 요한다. 평상시에 우리는 자기중심의 관점에서 주의한다. 즉 종사하는 일이나 혹은 자기가 가진 특정한 개념적 테두리에 비추어서 대상을 판단한다. 이는 사실 대상 자체를 의식하는 것이 아니라 대상의 뜻을 파악하는 일이다. 웃는 얼굴을 의식하는 것과 그 웃는 얼굴의 뜻을 알아차리는 것은 전혀 다른 일이다. 평상시의 마음은 대상의 뜻을 읽기에 바쁘다. 그래서 대상을 지나 본다. 대상을 의식하지 못한다.

이주 항다반의 예를 든다면, 누가 자전거로 분주한 종로 거리를 달린다 하자. 틀림없이 그의 시야에는 좌우로 지나가는 차량들이며 앞에서 길을 건너가는 통행인들이 들어오리라. 그러나 언제 그가 그런 대상의 모양이며 빛깔 같은 것을 눈여겨보아 의식하겠는가? 그의 주의는 안전하게 목적지에 다다르는 일이다. 이 주의의 범위 내에, 다시 말하면 이 마음의 빛 아래, 그의 목적에 관계없는 것은 다 무의미하다. 없는 거나 같다. 즉 그는 그런 것에 대해 무의식한다. 가령 내가 친구와 같이 정치토론을 하면서 덕수궁 경내를 걷는다 하자. 연못을 지난다. 나의 눈은 거기에 핀 연꽃을 본다. 그러나 나의 주의는 토론에 있지 연못에 있지 않다. 연못이 내 의식에 들어오지 않는다. 친구가 갑자기 연못을 가리키며 연꽃을 보라고 한다. 그제서야 비로소 연꽃을 의식한다. 말하자면 내 마음의 빛이 그 꽃을 드러낸 셈이다.

농부의 예로 돌아가자. 그는 50평생을 농사일 하면서 얼마나 많은 민들레꽃을 보았을까? 그러나 그것은 언제나 김매기하는 작업의 대상에 불과했다. 즉, 일거리에 지나지 않았다. 김매기하는 그의 눈이 민들레꽃의 노랑을 본다. (눈이 이 정보를 두뇌에 전한다.) 그러나 그 노랑은 그의 눈에 마치 투우의 눈에 비친 빨간 빛과도 같다. 그 노랑이 비치는 순간 호미 잡은 그의 손이 그리로 간다. 이 과정은 거의 자동적이다. 민들레의 노랑은 하나의 신호다. 농부는 즉각 그 신호의 뜻을 파악한다. 순간 그의 손이 움직인다. 반사작용이다. 이 과정에 무슨 민들레에 대한 의식이 있을 수 있겠는가? 그의 주의는 김매기에 있다. 따라서 종일토록 김매기하고서도 민들레를 의식하지 않는다.

평상시의 마음이 늘 대상의 뜻을 찾는다는 사실은 추상화를 보는 관중들의 전형적인 반응에서 엿볼 수 있겠다. "아무것도 못 본다"는 것이 그들이 흔히 하는 불평이다. 그들의 눈이 화면에 여러 가지 색채며 그 구성을 지각한다. 하지만 그들의 마음은 눈에 익은 대상을 아무것도 화면에서 찾아낼 수 없다. 무의미한 그림이다. 무의미하다는 것은 평상시의 관점에서 하는 말이다. 평상시의 세계에 있어서 이미지는 어떤 사물을 뜻하게 마련이다. 뜻 없는 이미지는 마음이 파악할 수 없다. 의식하지 못한다.

5

『문다카 우파니사드』에 다음과 같은 이야기가 나온다. 평생 친구인 두 마리 새가 늘 서로 떨어지지 않고 한 나무에 앉아 있다. 한 놈은 그 나무의 단 열매를 먹고 있는데 한 놈은 전혀 먹지 않고 보고만 있다. 이 이야기에서 두 새는 두 가지 마음을 상징한다. 우파니사드 철학에 의하면 "먹는 새"는 현상계의 생활에 바쁜 마음이고, "보는 새"는 실재의 세계를 관조하는 마음이다. 나는 여기서 이 비유의 뜻을 넓혀서 전자는 종사하는 마음으로, 후자는 보는 마음으로 해석하려 한다. 종사하는 마음은 생각하는 마음이다. 흔히 "머리를 쓴다"는 말을 한다. 무엇을 하나, 사람은 일을 제대로 잘 하려면 머리를 써야 한다. 지성적 작업은 물론 이른바 막일에서도 머리를 쓴다. 보는 마음은 다르다. 그것은 종사하는 마음, 즉 생각하는 마음이 멎을 때, 비로소 작용한다. 그것이 대상을 의식하는 마음이다. 이와 달리, 생각하는 마음은 대상을 면할 때, 할 일(목적)에 비추어 그것의 뜻을 찾는다. 일 중심이다. 대상 중심이 아니다. 이와 반대로, 보는 마음은 대상 중심이다. 대상에 주의한다. 대상에 열린 마음이다. 대상의 뜻을 찾지 않는다. 일의 세계를 벗어났다. 그래서 대상과 하나된다. 마음이 대상과 하나된 상태가 곧 의식이다.

(여기서 말하는 대상은 지각의 대상이다. 그런 면에서 순수한 지성적 작업에는 아무 대상도 없다고 말할 수 있다. 그러나 그 작업도 종사하는 작업임에 틀림없다. 좋은 예가 수식을 증명하거나 혹은 형이상학의 문제에 대해 사색하는 작업이다. 가령 내가 혼자 방 속에 앉아서 이 글을 쓰고 있는 도중에 어려운 문제에 봉착하여 이리 저리 깊이 그 해결을 모색하고 있다고 하자. 이 경우에 나의 "생각하는 마음"은 완전히 나의 물리적 환경을 떠났다. 즉 나의 마음에는 아무것도 그 뜻을 읽어야 할 지각적 대상이 없다. 그런 면에서 지성적 작업은 "생각하는

마음"의 순수 작업이라 부를 수 있으리라. 이런 경우에는 "보는 마음"만이 아니라 몸의 자동적인 "의식"마저 자 버린다고 말할 수 있겠다. 깊은 생각에 몰두한 철학자가 구렁텅이에 빠졌다는 옛말이 있지 않는가? 그의 "생각하는 마음"은 주위에 "무의식" 하였다.)

생각하는 마음과 보는 마음을 구별하는 것은 두 마음이 따로 있다는 말이 아니다. 마음이란 두뇌의 작용을 떠나 생각할 수 없다. 두뇌는 하나다. 그 두뇌의 작용에 따라 마음이 생각하기도 하고 의식하기도 하는 것이다. 어떻게 이것이 가능하냐는 것은 신경과학자들에게 물을 일이다. 한마디 부언하겠다. 마음이 두뇌의 작용이라 하는 것은, 어떤 철학자들이 주장하는 것처럼, 마음이 곧 두뇌고 두뇌가 곧 마음이란 말이 아니다. 둘은 다른 개념(말)의 범주, 즉 논리적 유에 속한다. 성실한 마음은 있어도 성실한 두뇌는 없다. 하나는 수술대에 오르지만 하나는 오르지 못한다. 하나는 (시간과 공간에) 존재하지만 하나는 존재하는 것이 아니다.

6

"의식"이라는 말은 보통 여러 가지 뜻으로 사용된다. 나는 여기서 이 단어를 좁은 뜻으로 "마음에 느낀다"는 뜻으로 사용하고 있다. 그 뜻을 밝히기 위해 다른 두 가지 사용법과 구별하겠다. 어떤 때는 “의식”이란 단어를 추상적으로 “자각”이라는 뜻으로 쓰는가 하면, 또 어떤 때는 지각은 물론 아주 넓게 배고픔과 같은 유기감각까지 포함해서 쓰기도 한다. 전자의 예가 “계급의식” 혹은 “민족의식”이라는 표현이다. 후자의 예로, 우리가 환자의 몸의 감각 기능의 유무를 판단하면서, 그가 “의식이 있다” 혹은 “없다”고 하는 경우를 들 수 있겠다. 이런 화법에서 “의식”의 뜻은 둘 다 내가 뜻하는 것과 다르다. 보는 마음이 의식하는 대상은 뚜렷한 경험적 내용을 갖는다. 농부가 의식하는 민들레꽃은 시각적인 내용(샛노란 빛)을 갖는다. 이와 반대로 추상적인 의식의 내용은 기껏해야 관념적인 내용을 가질 뿐이다. 또 보는 마음은 주의하는 마음이다. 따라서 의식은 주의를 전제한다. 그런데 감각이나 지각의 작용은 반드시 주의(마음의 작용)를 요하지 않는다. 혼수상태에 들어간 환자도 자동적으로 감각 작용을 계속하는 경우가 있지 않는가?

7 보는 마음으로 경험하는 의식의 개념은 명상의 전통 밖에서는 찾아보기 힘들다. 그것은 마음이라면 동서를 막론하고 종사하는 마음, 생각하는 마음을 뜻하는 경향이 있기 때문이다. 특히 서양철학의 전통에서 그렇다. 현대서양철학의 아버지로 일려진 데카르트의 출발점이 마음이었다. 그런데 그 마음

이 역시 생각하는 마음이었다. 그의 cogito이다. 20세기에 들어와서부터 서양철학은 데카르트의 심물心物 이원론을 벗어나려고 애써 왔다. 하지만 마음을 단순히 생각하는 마음으로 보는 데 있어서는 여전하다. 보는 마음, 즉 의식의 세계는 아직도 거의 미개지나 다름없다.

생각하는 마음을 마음의 기본형으로 보는 것은 우연이 아니다. 평상시의 마음이 무슨 일에 종사하는 마음이니 말이다. 그러므로 일상생활의 테두리를 벗어나기 전에는 보는 마음의 세계, 의식의 세계에 들어가기 힘듦을 알겠다. 어떻게 그 테두리를 벗어나는가? 물론 명상에 길이 있다. 하지만 이 길은 현실적으로 21세기의 인류에게는 너무나도 떨어져 있다. (요가 전통의 인도마저 명상과는 인연을 잃어 가는 듯싶다.) 다른 하나의 길이 곧 심미적 경험이다. 이 길은 틀림없이 모든 인류에게 열려 있는 길이리라. 이 길을 통해서 누구나 다 보는 마음의 세계, 의식의 세계에 발을 들여놓을 수 있다고 믿는다.

데카르트는 그의 『명상』에서 회의의 방법으로 확실한 진리를 찾아간다. 회의하는 마음은 생각하는 마음이다. 그는 이 사유의 작업을 "명상"이라 부른다. 이것이 보는 마음이 의식하는 명상과 얼마나 거리가 있는가? 분명히 생각하는 마음과 보는 마음은 『문다카 우파니사드』의 두 새처럼, 떨어질 수 없는 쌍둥이다. 전자의 세계는 의식의 세계요, 후자의 세계는 의식 없는 세계다. 나는 이 두 세계의 차이를 눈을 떠서 보는 밝은 세계와 눈이 닫혀서 못 보는 어두운 세계에 비한다. 보는 세계에는 빛이 있다. 생각하는 세계에는 빛이 없다. 헤겔이 철학의 작업을 가리켜 "회색〔바닥〕에 회색〔그림〕을 그린다"고 했는데, 과연 철학뿐만 아니라 생각하는 마음, 종사하는 마음의 세계는 다 회색이라 할 수 있지 않을까? 농부가 민들레꽃의 노랑꽃의 미를 의식하기까지는 그 노랑에는 빛이 없었다. 그것은 회색의 개념에 불과했다. 그의 심미하는 눈이 뜨는 순간 그 빛없던 노랑이 갑자기 광채를 띤다.

8

에드워드 불라크(Edward Bullough)는 심미의 태도를 설명하면서 "심적 거리(psychic distance)" 설을 주장한다.[1] "심적 거리"는 작품을 보는 그 자신(즉 그의 일상생활의 관심)과 그 작품 자체(즉 그 작품에서 직접 받는 느낌 혹은 감흥)와의 거리를 말한다. 예의 농부의 경우에 있어서 그가 민들레꽃의 미를 의식하는 순간의 심적 거리는 농사하는 그의 평상시의 관심과 그 민들레의 샛노란 빛에서 받는 느낌과의 거리이겠다. 이와 같은 심적 거리 없이 심미 경험은 불가능하다는 것이 불라크의 설이다. 이 설은 작품을 볼 때 보는 자가 작품 밖에 위

[1] Edward Bullough, *Aesthetics*(1977), pp. 91-107 참조.

치해서 자기의 관점에서 본다는 뜻으로 오해되기 쉽다. 그의 뜻은 반대다. 자기와 작품에 거리를 둔다는 것은 자기중심의 관점을 버리고 작품을 대한다는 말이다. 그래야 비로소 작품이 주는 심미적 경험을 할 수 있다. 이는 사실 자기를 버리고 작품과 하나된다는 말이다. 불라크는 심미 경험에 있어서 주관성과 객관성을 따지는 것은 잘못이라고 주장한다. 보는 자와 대상이 하나가 될 때 주객의 대립이 사라지기 때문이다.

예술이나 문학 작품에 대해서 종교적이나 윤리적 관점에서 시시비비하는 경우가 적지 않다. 이런 시비의 관점이 불라크의 심적 거리를 결하고 있음을 쉽게 알 수 있으리라. 종교적 혹은 윤리적 관점은 자기중심의 관점이다. 작품 자체의 세계를 감상하려는 태도가 아니다. 많이 알려진 시비작의 예를 든다면, 로렌스의 『채털리 부인의 사랑』, 조이스의 『율리시스』, 그리고 나보코프의 『롤리타』가 있겠다. 이 소설들이 왜 문제작인가? 문학적 관점에서 시비할 수도 있겠지만, 주로 시비는 유럽의 전통적인 윤리관, 특히 성윤리관에서 오는 것이라 할 수 있으리라. 독자 자신의 윤리관과 작품의 세계를 격리시키지 못한 탓이다. 바꿔 말하면 독자의 마음이 닫혔다. 독자가 작품이 그리는 세계를 열린 마음으로 보지 않고, 그 세계를 자신의 윤리관에 따라 해석하고 비판한다. 그렇게 하는 것은 비심미적 관점에서 소설의 뜻을 찾는 일이다. 그래서 소설이 드러내는 세계를 지나 본다. 그러니 작품의 세계가 독자의 의식에 들어올 수 없다.

『롤리타』가 1955년 처음 파리에서 출판됐을 때, 영국의 그레엄 그린은 1955년도 최고작 중의 하나라고 격찬하는가 하면, 그와 반대로 한 비평가(J. Gordon)는 "방종스런 순 도색 작품"이라 불렀다. 『롤리타』가 미국에서 완본으로 처음 출판된 것이 3년 후였는데, 그때 『뉴욕 타임즈』에 실린 서평은 부정적이었다. 그 이유로 평자(Orville Prescott)는 "첫째로 작품이 허식에 차고, 야하여, 지루하고, 둘째로 불쾌감을 일으킨다"고 하였다. 그런가 하면 한 작가(Dorothy Parker)는 『롤리타』를 "격통을 일으키면서 때로 걷잡을 수 없이 익살스러운 책"이라고 평하고, "걸작"이라고 부르기까지 하였다. 이 소설에 대해 부정적인 평을 하는 자들의 관점이 심적 거리를 결여함은 쉽게 알 수 있겠다.

이와 관련해 나보코프 자신의 소설관을 다음 글에서 일별하자.

> 나에게 있어서는 소설은 그것이 내가 솔직히 심미적 지복감(aesthetic bliss)이라 부르는 느낌을 주는 한에 있어서만 존재한다. 이 느낌은 어떻게 해서든지 혹은 어디서든지, 〔현실과〕 다른 존재 상태와 이어지는 느낌이다. 이 존재 상태는

(호기심, 부드러움, 친절함, 엑스터시와 같이) 예술에서 그 규범을 찾을 수 있는 상태다. 이런 느낌을 주는 책이란 많지 않다. 그 외의 것은 모두 한때 한 고장의 쓰레기든지 그렇지 않으면 사람들이 관념문학(Literature of Ideas)이라고 부르는 작품들이다. 이런 문학은 대체로 부피 큰 벽토 덩어리의 쓰레기다.[2]

9 심적 거리의 결여가 도리어 보는 자에게는 작품을 좋아하는 이유가 될 수 있다. 흔히 사람들이 프랑스의 인상파 그림을 즐기는 이유가 그렇다. 그들은 작품에서 오는 심미적 감흥이라기보다 그려진 풍경이나 형상이 일상생활에 있어서 쾌감을 주는 대상이기 때문에 즐기는 경우가 많다. 예컨대 르느와르의 여인들을 좋아하는 이유가 그렇지 않는가? 보는 자가 심적 거리를 잃었다. 이들은 비심미적 이유로 작품을 즐긴다. 심미의 경험, 즉 작풍 자체에 대한 의식은 거기에서 찾아볼 수 없다. 이 사실은 무엇이든지 (그것이 예술이나 미술 작품이든지 자연이나 인간 현상이든지) 우리가 평상시에 즐기는 대상일수록 심미적 감상이 어려움을 뜻한다. 일상생활의 관점을 미의

---

2 이 글은 *The New York Review of Books*(3/26/1998)에 실린 Michael Wood의 레뷰 "Revisiting Lolita"(p. 12)에 인용되어 있다.

감상에 끌어들이기 쉽기 때문이다. 심적 거리를 두기 힘들기 때문이다.

10

생각하는 마음은 대상을 대할 때 종사하는 일에 비추어 그 뜻을 찾는다. 이와 반대로 보는 마음은 대상의 뜻이 아니라 대상 자체를 의식한다. 이 사실은 미술이나 음악과 같이 작품이 직접 그 세계를 우리의 지각에 드러내는 경우에 분명하다. 하지만 언어를 매개로 하는 문학작품에서도 그렇다 할 수 있는가? 글을 읽는다는 것은 틀림없이 눈에 드러나는 것(즉, 흰 바탕에 쓰인 까만 글씨)의 뜻을 파악하는 일이다. 그런 면에서 문장의 뜻을 이해하는 일이 문학감상의 전제조건이겠다. 자명하다. 이 점에 있어서 소설을 심미적으로 읽는 자나 비심미적으로 읽는 자나 다를 것이 없다. 그렇다면 문학 감상도 대상의 뜻을 찾는 일이 아닌가? 그렇다면 보는 마음이 아니라 생각하는 마음의 작업이 아닌가?

이 물음은 이론적인 질문이다. 여기서 주의할 것은 심미안의 관심이 작품이 제시하는 세계이지 작품의 매체, 즉 문장의 뜻이 아니라는 사실이다. 글을 읽는 것은 뜻 파악이다. (글의 뜻을 파악함에 있어서 생각하는 마음이 작용한다 해도 좋다.) 그런데 독자가 작품을 심미적으로 읽느냐 안 읽느냐 하는 것은 읽음으로써 파악한 작품의 세계를 대하는 태도에 달렸다. 즉, 그 세계를 보는 마음으로 감상하느냐, 그렇지 않고 생각하는 마음으로 (자기중심의 관점에서) 그 세계의 뜻을 판단하느냐 하는 것이다. 심미안으로 글을 읽는다는 데에 논리적인 모순이 없다.

11 생각하는 마음과 보는 마음은 심벌(말이나 글)을 대하는 태도가 다르다. 전자의 세계는 개념의 세계다. 그래서 생각하는 마음의 눈에는 심벌은 개념의 대표에 불과하다. 이와 달리 후자의 세계는 경험의 세계다. 그래서 보는 마음은 심벌을 통하여 경험적 내용을 의식한다. 이 차이는 문학작품을 읽는 경우에 잘 나타난다. 전자가 작품을 개념적으로 읽는다면, 후자는 경험적으로 읽는다. 예로 도스토에프스키의 『죄와 벌』을 읽는다 하자. 그것을 생각하는 마음으로 읽는 독자는 작가가 그리는 주인공 라스콜리니코프에 대해서 그의 살인 동기, 범행 이후의 그의 행동, 심적 갈등, 그의 인생관, 종교관, 혹은 대인 관계, 특히 가족과 그의 애인 손야와의 관계, 이런 것을 개념적으로 파악하려 들 것이다. 그 반면에 이 소설을 (문학작품으로) 보는 마음으로 읽는 독자는 도스토에프스키가 그리는 사실을 직접 보려고 할 것이다. 말하자면 사건이나 주인공의

심적 움직임을 목격하려 한다. 그의 읽는 자리는 무대 연출을 목격하는 연극 관객의 자리와 본질적으로 다르지 않다.

이런 면에서 소설을 문학적으로 감상하는 것은 예술작품을 심미적으로 감상하는 것과 같다. 소설의 세계를 마치 현재를 보듯이 목격하고 거기서 심미적 감흥을 얻는 일이다. 이와 반대로 소설을 생각하는 마음으로 읽는 자는 소설의 세계를 개념적으로 이해하기에 바쁘다. 이는 작품을 지나 보는 일이다. 여기에 필요한 것은 상상력이 아니라 추상력이다. 추상의 세계에 의식이 있을 수 없다.

12

"심미審美"라는 용어에 대해 밝힐 것이 있다. 나는 이 단어를 미학에서 쓰는 용어 "aesthetic"의 뜻으로 사용하고 있다. 원래 "aesthetic"의 어원(그리스어 "aisthetikos")을 따진다면, 그것은 지각 작용을 가리키는데, 칸트는 이 단어를 그의 『판단비판』에서 특별히 미의 감상의 뜻으로 썼다. 그 이후로 미학에서 이 용어를 같은 뜻으로 사용하게 되는데, "미"라 하면 그것은 꼭 지각적으로 "아름답다"는 뜻이 아니라, 아주 광범위한 의미로 예술작품뿐만 아니라 문학 작품의 감상에서 오는 즐거움도 포함한다. 나도 이런 넓은 뜻으로 "심미" 라는 단어를 쓰고 있다.

나는 "미"라든가 "심미안"이란 단어도 역시 그런 넓은 뜻으로 사용한다. 그러므로 내가 어떤 대상을 "심미안으로 본다" 혹은 "미를 본다"고 할 적에, 그것은 꼭 시각적 감상을 두고 하는 말이 아니다. 그런 뜻에서, 이상하게 들리겠지만, 음악이나 문학 작품도 "심미안으로 보는" 대상이 되겠다. 내가 "미"나 "심미"나 "심미안"을 이처럼 넓은 뜻으로 사용하는 데는 두 가지 이유가 있다. 하나는 심미 경험은 근본적으로 종사하는 마음이 아니라 "보는 마음"의 작용이기 때문이다. 둘째로 나는 시각적인 미의 경험(예로, 아름다운 민들레꽃을 보는 경험)을 말하자면 심미 경험 일반의 패러다임(paradigm)으로, 문법의 범례範例처럼 간주한다.

우리가 흔히 쓰는 "미美" 혹은 "아름답다"는 단어에 대해 몇 마디 하겠다. "아름답다"는 문법상 형용사다. 그러나 이 단어는 엄밀히 말하면 그것이 (문법적으로 수식하는) 대상의 내용이나 특성을 형용하지 않는다. 그런 면에서 형용사라 부르는 데는 어폐가 있다. "아름답다"는 "둥글다" 혹은 "곧다" 따위의 형용사와 전혀 다르다. 즉 논리적으로 다른 유에 속한다. 무엇을 아름답다고 하는 것은 그것의 (객관적인) 양상이나 성질을 서술하는 것이 아니라, 그 대상에서 심미적으로 받는 느낌을 긍정하고 찬양하는 것임을 주목해야 하겠다. 이 점은 한자 "미美"의 어원이 잘 말해 준다. 원래 "미美"는 "양羊"과 "대大"를 합해서 지은 회의문자다. 큰 양은 보는 자에게 기쁨을 가져온다. 그래서 찬양의 대상이 된다.

"미美" 즉 "아름다움"의 개념의 핵심은 심미의 대상에서 받는 긍정적인 느낌이다. 그 긍정적인 느낌을 일종의 만족감 혹은 기쁨이라 부를 수 있겠다. 그러나 "만족감"이나 "기쁨"은 극히 넓은 추상적인 개념이어서 구체적으로 이렇다 할 경험적 내용이 없다. (흔히 미학에서 이 느낌을 "심미적 쾌감"이라고 부른다.) 다른 두 심미적 경험이 구체적으로 동일한 내용을 갖는다고 할 수 없다. 예컨대 노란 민들레꽃을 보고 느끼는 기쁨과 베토벤의 피아노 소나타를 들을 때 느끼는 기쁨은 얼마나 다른가? 엄밀한 뜻에서 모든 심미적 경험은 저마다 독특하다. 실상 노란 민들레꽃을 보는 기쁨과 흰 백합꽃을 보고 느끼는 기쁨도 성질이 다르지 않는가? 하나의 개념으로 다른 두 경험을 표현한 데 불과하다.

13 혹자는 심미의식이 어떤 만족감 내지 기쁨을 자아낸다는 말에 이의를 가질지 모른다. 예컨대 세익스피어의 비극 『리어 왕』이나 혹은 피카소의 큐비즘 시기의 작품들이 과연 무슨 만족감을 가져오는가? 비극에서 느끼는 기쁨이란 무슨 기쁨인가? 또 아무렇게나 톱으로 잘라 놓은 듯한 악기의 조각들

에서 무슨 만족함을 얻는가? 이런 질문은 미학자들 사이에 많은 이론을 초래한다. 나는 여기서 한두 가지 점을 지적하기에 그치겠다. 가령 우리가 『리어 왕』의 실연을 관람한다고 하자. 거기에 참혹한 장면이나 불쾌감이나 혐오감마저 일으키는 장면이 나오는 것은 사실이다. 그런 장면에서 보통 말하는 기쁨이나 미를 직접 찾을 수는 없으리라. 하지만 우리가 그 비극을 정말 문학 작품으로 감상한다면, 그런 장면들을 비극 전체의 플롯의 전개와 분리해서 생각하지 않을 것이다. 오히려 그런 장면들이 바로 거기에 표현된 격렬한 감정을 통하여 비극의 심미적 효과를 더해 준다고 하겠다. 관람자는 그와 같은 격정의 폭발을 심미적으로 본다. 그래서 그 작품의 극적 힘을 의식한다. 그 결과는 작품 전체에서 오는 심미적 기쁨이다. 이 기쁨이 우리가 일상생활에서 말하는 기쁨과 성질이 다름은 두말할 바 없다.

비슷한 설명을 피카소의 입체파 시기의 작품들에 대해 붙일 수 있지 않을까? 한 비평가(Germain Bazin)는 큐비즘의 기하학적인 폼(form)이 현대인의 심미감에 어필함을 지적한다. 곰부리치(E. H. Gombrich)는 바이올린의 여러 부분으로 구성된 정물화(1912)를 설명하면서, 그 부분들이 어느 일정한 각도에서 보는 (즉, 보통 보는) 바이올린의 부분이 아니라 다른 여러 각도에서 보는 부분의 이미지임을 지적한다. 그 결과는 사실적인 표현보다 바이올린 전체의 폼을 가장 잘 표현한다는 것이다.[3] 중요한 것은 이 사실이 보는 자에게 심미적인 기쁨을 가져오는가 하는 것이겠다. 여기서 주목할 것은 앞의 두 비평가가 작품의 부분적인 내용보다 폼에 관심을 보낸다는 사실이다. 폼을 고려하는 것은 무엇을 말하는가? 작품 전체를 감상하는 일이다. 나는 솔직한 말로 입체파 그림에서 별로 그런 기쁨을 얻지 못한다. 그러나 그렇다고 다른 미술 애호가들도 아무 심미적 경험을 느끼지 못한다고 단언할 수 없음은 물론이다.

14

심미의 기쁨에 대한 문제는 그 기쁨을 마치 평상시에 느끼는 쾌감이나 기쁨처럼 생각하는 데 있다고 하겠다. 미의 기쁨은 일상생활의 기쁨(예로 성적 쾌감)과 성질이 다르다. 보통 쾌감이라면 그것은 특정한 욕구나 의욕의 충족에서 오는 감정인데 반해서, 심미의 기쁨은 근본적으로 욕구충족과 상관이 없다. 역설로 들릴지 모르지만 그것은 욕구충족이 아닌 만족감이다. 그렇지 않고서 어찌 새로운 미의 기쁨의 발견을 설명할 수 있겠는가? 새로운 독창적인 스타일의 미의 발견은 동시에 새로운 미의 기쁨의 발견이 아닐 수 없다. 전에는 꿈에도 생각치 않던 작품을 즐기는 것은 흔히 있는 심미 경험이

[3] E. H. Gombrich, *The History of Art*(1966), pp. 436-437 참조.

아닌가? 지난 10여 년간 미국의 건축가 프랭크 게리(Frank Gehry)가 설계한 건물들이 그의 아주 독특한 새로운 스타일로 건축계에서뿐만 아니라 일반 관중에 의해서도 대단히 호평을 받아 왔다. 그가 설계한 스페인의 빌보아 구겐하임 미술관이 1997년에 완공됐을 때 그것은 구미에서 굉장한 센세이션을 일으켰다. 그런데 그의 작품을 처음 보고 극찬하는 관중의 기쁨을 꼭 무슨 의욕충족으로 보아야 하는가? 전에 꿈에도 보지 못한 스타일에 대해 어찌 그걸 볼 욕망이 원래 있었다고 하겠는가? 혹 누가 잠재적 욕망이 있었다고 고집한다면 그건 이론을 앞세우는 억지라 할 수밖에 없다.

누가 미의 기쁨을 경험한다는 사실은 미를 추구하는 의욕을 전제한다고 보편적인 주장을 할지 모른다. 이는 어떻게 보면 인간에게 심미 능력이 있음을 긍정한다고 해석할 수 있다. 그러나 보편적인 의욕이란 구체적인 의욕 추구로 나타나기 전에는 충족이 될 수 없다. (보편적으로) 음악을 즐기는 음악애호가는 콘서트에 가서 어느 특정한 음악을 들어야 하며, 또 자연미를 즐기는 풍류객은 단풍구경을 하러 이 산에 혹은 저 산에 가야 한다. 그래서 느끼는 심미의 기쁨이란 어디까지나 그 구체적인 경험(즉, 듣는 음악이나 보는 단풍 경치)에서 오는 것이지, 어느 추상적인 (보편적) 의욕의 충족에서 오는 (보편적) 쾌감이라고 말할 수 없다. 한마디로 보편적인 미의 욕구 충족이란 없다.

심미의 기쁨이 욕망충족에서 오는 쾌감과 성질이 다르다는 사실은 다시금 심미안의 세계가 평상시의 실용적 세계와 전혀 다르다는 것을 보여 주리라. 이미 심미의 경험은 저마다 다 독특하며, 심미적 기쁨 또한 대상에 따라 다르다는 것을 지적했다. 여기서 다시금 이 사실을 강조하려 한다. 같은 분야나 장르에 있어서도 작품에 따라 거기서 오는 기쁨이 전혀 다른 세계에 속할 수 있다. 같은 바로크 시기에 속하는 바하(예, "성 마태수난곡")와 헨델(예, "메시아 오라토리오")의 음악이 주는 기쁨은 얼마나 다른가? 또 같은 작곡가의 작품이면서도 글렌 굴드(Glenn Gould)가 연주하는 바하의 "골드베르그 변주곡"을 듣는 (조용하고 명상적인) 기쁨과 헤르베르트 폰 카라얀(Herbert von Karajan)이 지휘하는 "부란덴부르그 협주곡"을 듣는 (활기 넘치는) 기쁨은 각각 다른 세계에 속하지 않는가? 이는 심미 세계의 무한한 가능성과 아울러 심미의 기쁨의 특수성과 다양성을 동시에 보여준다고 하겠다.

15 앞에서 데카르트 이후의 서양철학이 마음이라면 보는 마음이 아니라 생각하는 마음을 뜻해 왔음을 지적했다. 이 점에 있어서 칸트도 예외가 아니다. 하지만 그의 심미론審美

論에는 이 전통에서 벗어나는 면이 다분히 있다. 그것이 그가 심미의 기쁨을 평상시의 쾌감과 구별하는 데 나타난다. 그는 심미의 기쁨을 "관조적인 즐거움(contemplative Lust)" 혹은 "비활동적인 만족감(untätiges Wohlgefallen)"이라고 부르며, 그것을 "실용적인 즐거움(praktische Lust)"과 구별한다.[4] 칸트에 있어서 "실용적인 즐거움"이란 "필연적으로 욕구와 연결된다." 한마디로 그것은 의욕의 충족에서 오는 쾌감이다.[5] 그는 욕구의 충족을 표상(Vorstellung)의 실현화에서 인정한다. 그런 면에서 욕구하는 마음, 즉 실용적인 쾌감을 추구하는 마음은 생각하는 마음이며 종사하는 마음이라 하겠다. 이와 반대로, 심미의 기쁨은 표상의 실현화를 추구하는 욕구와 무관하며, 근본적으로 "관조적"이며 "비활동적"이다. 그런 면에서 그것은 보는 마음의 기쁨이라 하겠다.

칸트는 그의 『판단비판』에서 세 가지 만족감(Wohlgefallen)을 구별하여 감각적 만족감, 심미적 만족감과 아울러 도덕선道德善의 실현에서 오는 만족감을 논한다. 주목할 것은 그가 여기서 도덕적 만족감을 감각적 만족감과 같이 표상의 실현에서 오는 즐거움으로 취급한다는 것이다. 그래서 이 두 가지 만족감을 똑같이 인간의 의욕기능("Begehrungsvermögen")과 관련시

4 I. Kant, *Die Metaphysik der Sitten(Kants Gesammelte Schriften*, VI), p. 212. 칸트의 심미론은 그의 『판단비판』의 제 1부에서 다루어진다. 특히 §§1-5 참조.

5 칸트의 쾌감론은 그의 『실용주의 관점에서 보는 인류학』(*Anthropologie in praktischer Hinsicht*)에서 상세히 취급된다.

킨다. 그 반면에 심미적 만족감은 이 기능과 무관하다는 것이다. 그래서 이 만족감은 다른 두 가지 만족감과 달라 "무관심한" 만족감이라고 주장한다. 여기서 "관심(Interesse)"이란 생각하는 마음(Verstand)의 관심이다. 심미의 기쁨을 "무관심한" 만족감이라고 선언하는 칸트는 그것이 욕구충족이 아닌 만족감임을 인정하는 동시에, 그것이 생각하는 마음이 아니라 보는 마음의 기쁨임을 암시한다고 하겠다.

16

철학자들이 심미적 판단(aesthetic judgment; Geschmacksurteil)에 대해 많이 토론한다. 어떤 이는 심미적 판단은 미의 경험과 아무 상관이 없다고 하는가 하면, 어떤 이는 심미적인 평가 없이 참된 미의 경험이란 있을 수 없다고 주장한다. 나는 여기서 그런 이론적 시비에 가담하려 하지 않는다. 그러나 심미의 경험은 어디까지나 보는 경험이어서 개념적인 판단과 성질이 전혀 다름을 강조한다. 판단은 근본적으로 생각하는 작업이기 때문이다. 무엇을 아름답게 보는 경험과 그것을 아름답다고 주장하는 데는 천양지차가 있다. 전자는 보는 세계에 속하는데 반해서 후자는 말과 개념의 세계에 속한다.

한 미술 평론가가 피카소의 "게르니카"를 심미적으로 높이 혹은 낮게 평한다 하자. 그의 평이 그 자신의 보는 경험을 반영한다고 (그런 뜻에서 그 평이 주관적이 아니냐는 질문을 하지 말자) 하지만 그는 작품을 평함에 있어서 자기의 미적 경험을 넘어서 그 작품 자체에 대해 이렇다 저렇다 주장한다. 그럼으로써 그는 칸트가 그의 『판단비판』에서 지적하는 바대로 그의 판단을 공공의 논단에 제공한다. 따라서 그는 그 판단의 보편적 타당성을 주장하게 된다. 이런 작업은 분명히 어떤 이론이나 혹은 무슨 개념적 테두리 안에서 이루어질 수밖에 없다. 그 평자는 그의 판단의 보편적 (혹은 객관적) 타당성을 주장하기 위하여, 결과적으로 자신의 개인적인 경험보다 그 경험의 대상에 대한 판단을 하게 된다. 그래서 "게르니카"는 (심미적으로) "걸작이다" 혹은 "실패작이다"라는 따위의 발언을 한다. 그리고 그 판단의 근거를 이론적으로 혹은 개념적으로 뒷받침하지 않을 수 없다. 이 과정에서 그 평자가 그의 원래의 출발점인, 자신의 보는 (심미) 경험을 떠난지는 오래다.

나는 이런 경향을 경계한다. 특히 심미적 판단의 보편적 타당성이라는 관념 자체에 대해 회의적이다. 이 관념은 칸트의 심미론에서 시작한다 할 수 있으리라. 그는 미의 경험이 감정(Gefühl), 특히 즐거움의 내용을 가짐을 중시하여, 심미적 판단이 다른 사물에 대한 판단(즉 『순수이성비판』에서 다루는 유의 판단)과 달라서 주관성을 지님을 인정한다. 그러나 그는 그 판단의 보편적 타당성의 가능성을 위한 이론전개에서 결국 그의 주의를 대상에 옮긴다. 그래서 그는 미의 개념 자체를 다음과 같이 대상 중심으로 정의한다. "미(Schönheit)는 〔실현을 뜻하는〕 어느 목적의 표상을 동반하지 않고 지각되는 한에 있어서 대상의 목적성의 형태이다."[6] "대상의 목적성의 형태"[7]라는 어려운 표현은 쉽게 말한다면 대상의 전일성을 가리키며, 대상의 미를 느낀다는 것은 바로 이 전일성 곧 폼(Form)에 비추어 그것의 구성 성분을 인식한다는 것이다. 이 미의 정의에는 주관적인 면이 깔려 있다. 대상의 전일성을 인식하는 것은 어디까지나 사람의 마음이기 때문이다. 그러나 칸트에게 있어서 그 경험이 미의 경험이냐 아니냐는 것을 결정하는 것은 궁극적으로 대상이다. 그에 의하면 그 경험에 보편적 혹은 객관적 타당성을 부여하는 것은 바로 대상의 구성 형태이기 때문이다.

아마 심미적 판단의 보편적 타당성을 주장하기 위해서는 이처럼 경험이 아니라 대상의 내용에 어필하지 않을 수 없으리라. 바로 거기에 문제가 있다. 그처럼 대상의 "객관적인" 면에 궁극적인 심미 판단의 시비의 결정권을 줌으로써 미의 경험의 "주관적"인 면이 무시되고 말기 때문이다. 칸트 자신이 강조하듯이 심미 경험의 핵심은 감정이다. 기쁨이다. 작품이 객관적 요소를 갖추었어도, 심미적 느낌을 자아내지 못하면 그것은 심미적으로 무의미하다. 심미의 느낌을 동반하지 않는 심미는 불가

6 『판단비판』, §17.

7 "Form der Zweckmässigkeit eines Gegenstandes," 같은 곳.

능하다. 또 미는 대상의 객관적 속성이 아니다. 그것은 의식의 내용이다. 따라서 보는 마음, 보는 경험을 떠나 있을 수 없다.

17 나는 솔직하게 심미 경험을 미의 전문가들(미학자, 미의 형이상학자, 각 분야의 평론가 등)에게서 해방시키려 한다. 심미적 판단은 해석하는 일이다. 해석은 생각하는 마음의 작업이다. 따라서 말과 개념의 세계에 속한다. 이와 달리, 내가 두고두고 강조하는 바지만, 심미 경험은 보는 일이다. 의식의 세계에 속한다. 아마 심미의 전문가들도 경험이 해석을 선행함을 인정하리라. 하지만 그들이 마치 감상 능력이 대상의 분석이나 해석 능력에 달려 있는 것처럼 심미 경험을 취급하는 경향이 있는 것은 부정하지 못하겠다. 그 결과는 마치 심미 세계가 그들의 독점의 영역인양 돼버린다. 사실 미술, 음악, 문학의 애호가들이 미의 전문가들의 분석이나 이론에 눌려, 때로 자신의 미의 경험의 진실성까지 의심하지 않는가?

나는 미의 경험의 해석이 무용지물이라고 하는 것이 아니다. 실상 음악, 미술, 문학 등 각 분야의 평론이 심미안의 발전이나 심화에 크게 도움이 되는 것을 확신한다. 특히 우리의 미감과 거리가 먼 작품들을 감상하기에 그런 평론이나 해설이 거의 불가결한 것은 누구나 시인하리라. 예컨대 현대인이 유럽의 중세기 미술을 감상하거나, 혹은 서양인이 중국의 송대의 미술에 어느 정도 접근하려면, 전문가가 쓴 해설에 의지하지 않을 수 없다. 그것은 단순히 지성적인 지식이나 정보수집을 위해서가 아니라, 그런 지식이 보는 자의 심미 경험에 도움이 될 뿐더러, 때로 그의 심미안을 열어 줄 수도 있기 때문이다. 결국은 미의 경험의 가능성을 넓히기 때문이다.

18

아방가르드의 예술작품에 대해 한두 마디 하겠다. 아방가르드 작품에 대한 심미감을 양성하는데 있어서 평론이나 해설이 큰 도움이 되는 것은 두말할 것 아니다. 그런데 아직 심미의 기쁨을 느끼지 못하는 작품들을 어떻게 대할 것인가? 아방가르드란 상대적인 개념이다. 한 시대에서 아방가르드의 미술작품이 그 다음 시대에 있어서는 적어도 대다수의 미술애호가들의 심미감에 능히 어필할 수 있기 때문이다. 괴테의 음악 감각에 지나친 굉음처럼 들린 베토벤의 음악이 우리에게는 오히려 그의 음악에 대한 특수한 심미감을 자아낸다. 나는 평론가들이 아직 미적 반응을 자아내지 않는 아방가르드 작품을 마치 참된 뜻으로 심미의 대상처럼 취급하는 데에 일종의 혼돈이 있다고 생각한다.

간단히 말해서 우리는 심미의 대상으로서의 예술작품과 독창적인 예술작품을 구별해야 한다. 독창성이 반드시 미를 뜻하지 않음은 물론이다. 피카소의 독창성을 의심하는 자는 없겠다. 그렇지만 예컨대 그의 입체화 시기나 쉬르레알리슴 시기의 작품에서 심미의 경험을 하기 힘든 것은 나뿐만이 아니리라. 그는 "게르니카"를 그린 해(1937)를 전후해서 일련의 "우는 여인"의 그림을 다수히 그렸다. 그 그림들의 강렬한 표현력은 의심할 바 없지만, 거기서 심미적 경험을 느끼는 사람들이 얼마나 있을까? 나는 그의 "게르니카"에서 심미적 힘(vitality)을 느낀다. 거기에 드라마를 의식한다. 그러나 "우는 여인"들은 슬픔이나 공포감의 노골적인 표현으로만 보인다. 그런 면에서 그 작품들은 개념의 삽화(illustration)와도 같다. 나는 아방가르드의 작품들을 호평하며 환영하는 평론가들 중에 얼마나 많은 이들이 과연 거기에서 새로운 미적 경험을 하는지 의심한다. 그들의 호평의 이유가 주로 작품의 이디엄(idiom)이나 작풍의 새로움(novelty)에 있지 않나 생각한다. 이는 이해할 일이다. 왜냐하면 심미안은 늘 새로운 것을 찾기 때문이다. 그러나 새로움이 늘 새로운 심미적 기쁨을 약속한다고 할 수는 없다.

독창성을 심미성에서 구별하는 것은 획기적인 독창성의 작품의 가치를 낮게 평가하는 것이 아니다. 새로운 작풍이 오늘의 미감에는 어필하지 않더라도 내일 우리의 심미안을 더 넓혀주지 않으리라고 누가 장담하겠는가? 사실 인간의 심미감각의 변천의 역사가 독창성의 중요함을 증명한다. 하지만 역사적으로 새로운 것이 나왔다가 결국에 받아지지 않고 자취를 감추는 일이 얼마나 많은가? 그것은 그 새로움이 새로운 심미 경험을 가져오는 데 실패함을 뜻하리라. 장래 그것이 소생 못하리라고 아무도 예언할 수는 없지만.

19

심미안은 늘 새로운 것을 찾는다. 아마 이는 무엇에든지 습관화되거나 익숙해질 때 대상에 대한 우리의 의식이 감소되는 데서 오는 현상이리라. 의식이란 주의를 요한다. 한데 우리의 주의는 한 대상에 오래 머무르지 못한다. 주의가 갈 때 의식이 간다. 같은 현상을 스타일이나 작풍에 대한 우리의 심미적 감수성에서 관찰할 수 있다. 아무리 좋아 하는 음악이라도 계속 들을 때 그것에서 느끼는 심미감은 감소하기 마련이다. 한편 익숙한 음악이라도, 한 동안 안 듣다가, 혹은 다른 종류의 음악을 들은 뒤에 다시 들을 때, 그 음악에서 생생한 심미의 기쁨을 느끼는 것도 같은 이유겠다. 이처럼 심미안은 단순히 보수적이 아니라 변화를 좋아하는 것인 성싶다.

이런 사실을 고려할 때, 미의 창조자나 전문가들뿐만 아니라 미의 애호가들도 늘 새 것과 변화에 매력을 느끼는 것은 잘 이해하겠다. 어떤 의미에서 새로움과 변화는 심미 생활의 생명이라 할 수 있으리라. 이 두 요소 없이는 심미 능력 자체가 위축을 면할 수 없기 때문이다. 가령 모차르트의 음악 외에 들을 음악이 없는 환경을 상상해 보라. 듣는 자의 귀는 끝내 거기에 습관화하고 말 것이며, 따라서 거기에서 심미의 기쁨을 겪기 힘들 것이다. 습관화된 작품이 주의를 요구하지 않는 장식물이나 혹은 무드의 조성물로 전락할 수 있다. 거기에서 심미의 기쁨은 찾아보기 어렵다.

피카소는 그의 창작 생애에서 어느 한 작풍에 오래 머무르지 않은 것으로 유명하다. 그 이유도 역시 끝없이 새로운 것을 찾는 심미 생활에서 온 것이 아닌가? (같은 이유로 그가 자주 그의 창작 매체를 바꾼 것이 아닌가?) 그렇다고 그의 작품을 보는 자들이 변해 가는 그의 작품들을 다 즐길 수는 없다. 경험은 별 문제이니 말이다.

제2장

美의 세계

1

미의 세계는 의식의 세계이다. 앞에서 내가 "의식"이란 용어를 문자 그대로 "마음에 느낀다" 혹은 "깨닫는다"는 뜻으로 씀을 밝혔다. 이런 뜻에서 우리는 평상시에 주위의 대상을 몸으로 지각하고 느끼며 살지, 좀처럼 그것을 (마음으로) 의식하면서 생활하지 않는다. 늘 대상 자체가 아니라 그것의 뜻을 찾기 때문이다. 이것이 대상을 대하는 일상생활의 마음이다. 이와 달리 심미하는 마음은 대상의 뜻이 아니라 대상 자체에 주의한다. 그럴 때 심미안 앞에 새로운 빛의 세계가 드러난다. 생각하는 마음의 회색빛이 간다.

르네상스 예술 전문가 버너드 베런선(Bernard Berenson)은 심미의 경지를 다음과 같이 묘사한다.

> 시각예술에 있어서 심미의 순간, 즉 관람자가 감상하는 예술작품과 하나되는 순간, 혹은 어떤 사물이든 예술적 관점에서 보는 그 형상이나 색채와 하나되는 순간, 그런 순간은 매우 짧아서 거의 무시간이라 할 만큼 번쩍 왔다 사라지는 찰나다. 관람자는 그 순간 평소의 그 자신이기를 멈춘다. 그래서 보는 그림이나 건물이나 조상이나 풍경화나 혹은 어느 미적 현재가 그 자신의 밖에 따로 존재함을 잊는다. 둘

〔관람자와 대상〕이 하나가 되며, 시간과 공간이 폐멸되며, 관람자는 하나의 의식에 사로잡힌다. 평상시의 의식을 회복할 때, 그는 마치 〔숨은 것을〕 조명하며 〔영을〕 드높여 거듭나게 하는 신비를 처음 경험했었듯이 느낀다. 한마디로 심미의 순간은 신비로운 비전(mystic vision)의 순간이다.[8]

이 글은 여러 면에서 심미의식의 참 모습을 잘 조명해 준다. 그러므로 이 글에 비추어 가면서 심미의식의 세계를 잠시 밝혀보고자 한다. 베런선이 심미의 순간을 "신비로운 비전의 순간"이라 선언하는데, 그것은 매우 함축이 있는 말이다. 사실 그가 묘사하는 심미의 의식 상태는 우파니사드 철인들이 말하는 브라만의 관조 의식 상태와 근본적으로 다르지 않다. 똑같이 신비의 경지다. 다만 주제가 다를 뿐이다. 브라만을 보는 경지 역시 의식의 대상과 하나되는 경지니 말이다.

미를 의식하는 순간 보는 자와 대상이 하나가 된다는 말은 무슨 말인가? 이 글에서 베런선이 관람자가 "하나의 의식에 사로잡힌다〔possessed〕"고 주장하는데, 그것은 관람자 자신이 그 의식의 주체가 아님을 뜻한다. (원문의 "possessed"가 "신들리다" 혹은 "홀림을 당하다"는 뜻이 있음을 유의하자.) 말하자면 보는 자가 그 의식 속에서 자기를 잊는다. 무아의 경지에 들어

---

[8] Bernard Berenson, *Aesthetics and History in the Visual Arts*(1948), pp. 84-85.

간다. ("평소의 그 자신이기를 멈춘다.") 동시에 무엇을 (객체로) 인식한다는 의식이 없다. 경험의 주인이 없는데 어떻게 경험의 객이 있겠는가? 거기에 있는 것은 의식이라는 경험뿐이다. (선종에서 선의 세계에 "보는 나"도 없고 "보이는 산"도 없고, 다만 "봄"만 있다는 말을 한다.) 온 하늘이 불타오르는 듯한 석양을 보면서 황홀경에 들어가는 경우를 상상하자. 그 의식 속 어디에 보는 나나 혹은 즐기는 내가 있으며, 또 산 뒤로 자취를 감추는 태양이 따로 있는가? 내가 그 황홀(무아)에서 깨어나는 순간 나는 석양의 미에 나를 잊었음을 깨닫는다. 경험한 것은 그 눈에 드러난 광경, 그 황홀경뿐이다.

경험의 주객이 없다는 말은 이성주의적 인식론에서는 납득되지 않는 말이다. 이성주의자에게는 경험하는 주체도 경험의 객체도 없다는 말이 논리에 어긋난다. 그는 경험의 논리적 가능성을 묻는다. "봄"("본다"는 개념)이 가능하려면 보는 자(주체)가 있어야 하며, 동시에 보는 대상(객체)이 있어야 하지 않는가? 평상시의 생각하는 마음의 세계에서는, 즉 개념적으로 말하면, 옳은 말이다. 흔히 철학자들은 경험의 논리적 (혹은 a priori) 가능성을 묻는다. 그러나 이는 보는 경험을 직시하는 일이 아니다. 심미의 경험을 한 적이 없는가? 무슨 음악을 들으며, 그것이 헨델의 "할렐루야" 합창이든지 로큰롤이든지, 그 속에 자기를 잃은 적이 없는가? 그런 경험은 듣는 나도 없고 들리는 대상도 없다. 듣는 나나 들리는 음악을 논하는 것은 경험 밖에서, 즉 생각하는 세계에서 하는 말이다. 그러나 경험 자체로 말하면, 나와 음악에 아무 거리도 없다. 주객이 하나다. 그러니 무아다. 주객의 거리를 의식하는 순간 나는 심미의 세계에서 떠난다. 주객의 세계, 개념의 세계, 생각하는 마음의 세계로 돌아온다.

얼른 생각하기에 보는 나와 대상이 하나가 된다는 말은 앞에서 논한 바 심적 거리의 관념과 모순하는 걸로 들릴지 모른다. 그러나 그 거리는 평상시의 나와 심미의 경험과의 거리임을 상기하자. 미의 경험을 하는 나와 그 경험의 거리가 아니다. 보는 마음이 평상시의 자기(실용적 태도)를 떠날 때, 보는 나는 보는 대상과 하나가 된다. 이는 마치 거울 앞에 대상이 나타날 때 그 영상과 하나되는 거울과 같다고 하겠다. 앞에서 이미 지적했듯이, 불라크는 심미의 의식에서 주관성과 객관성을 따지는 것은 잘못이라고 주장한다. 주객이 하나가 될 때, 상대개념으로서의 주객은 무의미하다.

2 베런선은 심미의식이 시간과 공간을 초월함을 주장한다. 그것이 곧 평상시의 인간 세계 즉 존재의 초월이다. 칸트는 시간과 공간을 현상계의 두 선험적 형식(조건)으로 규정한다.

인간의 존재 인식은 시공의 테두리를 떠나 불가능하다는 것이다. 아마 이 존재관은 칸트의 선험론에 의하지 않아도 우리가 평소에 사물을 대하는 태도에서도 엿볼 수 있으리라. 그러므로 시공의 폐멸을 말하는 것은 우리의 존재관, 세계관을 넘어가는 일이다. 신비의 경지를 말하는 것이다. 베런선은 심미의 경험이 바로 그런 경지라는 것이다. 심미의 의식을 신비라 하는 것은 물론 우리의 평상시의 관점에서 하는 말이다. 경험 자체에 비추어 볼 때 거기에 신비스러울 것이 없다. 그 경험에 주객이 없듯이 또 시공의 의식도 없다.

실제로 시간이나 공간은 추상적인 관념이어서 의식의 대상이 아니다. 의식하는 것은 현재하는 것뿐이다. 현재하지 않는 것은 없는 것이다. 그러니 보는 마음에 드러날 수 없다. 의식할 수 없다. 우리는 현재라면 보통 과거에서 미래로 향해 내달리는 시간의 한 순간으로 생각한다. 이것이 자연과학에서뿐만 아니라 일상생활에서 말하는 시간이다. 그러나 순간은 의식의 대상일 수 없다. 따라서 의식하는 현재를 말할 때 우리는 그런 추상적 (시간적) 현재관을 버려야 한다. 원래 "현재現在"의 "현現"이라는 자는 시간과는 아무 관계가 없다. 어원을 따지면 "옥玉"자에서 유래하는데, 구슬의 빛남을 뜻한다. 눈앞에 뚜렷이 드러남이다. 조명이 없는 데 어떻게 드러남이 있겠는가? 드러남은 곧 의식하는 마음이 비추어 줌을 뜻한다. "현재"란 "드러나 있음"이다. 이 현재는 시간과 무관하다. 현재하는 것은 추상적인 것일 수 없다. 그런 뜻에서 현재는 과거나 미래와 본질적으로 다르다. 같은 선상의 점일 수가 없다. 과거와 미래는 없는 것이다. 현재는 없는 것의 반대다.

베런선이 "심미의 순간"을 묘사하면서 그것이 "매우 짧아서 거의 무시간이라 할 만큼 번쩍 왔다 사라지는 찰나"라고 한다. 이렇게 "심미의 순간"을 그리는 그는 심미 경험을 시간적으로 이해하고 있지 않다. 사실 그는 이 "순간"에 "시간과 공간이 폐멸된다"고 주장하고 있다. "심미의 순간"을 설명하는 그는 심미 경험 밖에 서 있다. 즉 시간적 현재관에 매인 평상시의 개념 세계의 테두리 안에서 서술하고 있다.

3

베런선이 앞의 글을 맺음에 앞서서 "평상시의 의식을 회복할 때, 〔관람자〕는 마치 조명하며 드높여 거듭나게 하는 신비("illuminating, exalting, formative mysteries")를 처음 경험했었듯이 느낀다"라고 말한다. 무슨 뜻인가? 이 구에서 그는 첫째로 심미의 경험이 현재에 빛을 던져 주는 경험임을 가리킨다. 이는 심미 이전의 현재는 빛없는 어둠에 싸여 있었음을 암시한다. 생각하는 마음의 회색 빛 세계다. 둘째로, 미적 경험은 보는 자로 하여금 영적으로 세상사에 종사하는 마음에서 해방되어 말하자면 구천에 이른 기쁨을 느끼게 한다는 것이다. 이 경험에서 깨어나 "평상시의 의식"(즉 생각하는 마음)에 돌아올 때 심미의 경험은 그저 (개념적으로) 이해할 수 없는 "신비"로만 느껴진다.

4 현재는 없는 과거에서 없는 미래로 향해 진행하는 선상에서 멎는 일 없이 계속해 사라지는 점이 아니다. 이 기하학적 현재관을 버리자. 나는 여기서 경험적인 현재관을 주장한다. 내가 말하는 현재는 경험적 내용을 갖는다. 경험이란 몸의 경험(즉 체험)을 떠나 있을 수 없다. 그러므로 의식하는 현재는 지각, 감각의 구체적인 내용을 갖는다. 엄밀히 말하면 의식의 내용이 곧 현재다. (이는 꼭 심미 의식에 한하는 것이 아니다.) 보통 철학에서 인간의 의식에 나타나는 것(물物 자체自體)과 그 의식의 내용(현상現象)을 구별한다. (칸트의 형이상학에 나오는 noumenon/ phenomenon의 구별이다.) 이 구별은 사실 평상시의 존재관을 반영하는 것이어서, 경험 세계와는 상관이 없다. 보는 세계, 즉 의식의 세계에는 현재 (즉 의식) 밖에 따로 존재하는 무엇(물 자체나 실체)이 없다.

푸른 산을 본다. 현재하는 그 푸른 산은 객체로 서 있는 산이 아니라 내 눈에 드러나는 산이다. 장미의 향기를 즐긴다. 현재하는 그 장미의 향기는 어느 향기 전문가가 연구실에서 분석하는 화학적 성분이 아니라, 내 코에 스며드는 경험이다. 시각을 떠나 푸른 산이 없고, 후각을 떠나 장미의 향기가 없다. 몸(지각, 감각)을 떠나 현재의 세계는 없다. 현재의 관점에서 볼 때, 자연과학의 세계 즉 의식 외의 세계는 소외된 세계이다. 현상 뒤에 숨어 있는 실재를 논하는 철학이론의 세계도 같다. 상식의 세계도 마찬가지다. 상식은 저 푸른 산이 나의 의식과 무관한 독립적 존재로 보지 않는가? 나는 여기서 어떤 유심론자들이 주장하듯이 현재의 세계가 한낱 아이디어라고 주장하는 것이 아니다. 도리어 그것은 몸의 세계라는 것이다. 몸에 드러나는 세계를 말한다. 유물론자들의 몸의 세계가 아니다. 그들의 세계에는 빛이 없다. 의식하는 마음이 없다.

5 미의 경험은 현재의 경험이다. 따라서 초시간적이다. 바닷가에서 까만 조약돌이 눈에 띈다. 옻칠한 듯이 윤이 난다. 그것이 보는 마음에 드러난다. 이 조약돌의 미를 느끼는 순간, 베런선이 말하듯이 시간과 공간이 폐멸한다. 쟁반에 담긴 과일을 그린 세잔의 정물 작품을 생각해 보라. 조약돌의 미를 보는 마음은 정물을 보는 심미안과 흡사하다. 분명히 정물에는 시간이 없다. 시간이 영원히 섰다. 아마 음악 감상의 경우에는 시간

의식이 들어있다고 주장하는 사람들이 있으리라. 틀림없이 음악은 시간을 요한다. 악곡에는 시간적으로 전후가 있다. 따라서 곡의 전체를 감상하기 위해서는 기억력을 요한다. 구체적으로 베토벤의 교향곡 5번을 듣는다 하자. 그 제 2악장(안단테)의 느린 음악을 듣는 귀는 제 1악장(알레그로)의 쾌속조를 기억하지 않을 수 없으리라. (이렇게 말하는 것은 다 음악 경험을 밖에서 하는 말이다.) 하지만 음악 감상의 경험 자체를 들여다보라. 제 2악장을 듣는 귀에는 제 2악장이 현재의 전부가 아닌가? 거기에 제 1악장은 없다. 이는 제 2악장을 듣는 마음이 앞에 들은 부분을 잊었다는 말이 아니다. 사실 제 1악장은 그 마음의 배경에 생생하게 있다. 앞의 음악이 지금 듣는 음악의 의식 내용에는 없지만 그 배경에 있다는 말은 무슨 말인가? 누가 따질지 모른다. 그러나 이것은 이론적 문제가 아니다. 누구나 음악을 들어봤으면 알 일이다. 경험적 사실이다. 어떻게 이것이 가능하냐는 것은 신경과학자에게 물어 볼 일이겠다.

배리 쿠퍼(Barry Cooper)는 그의 최근 저작 『베토벤』에서 베토벤의 후기 작품인 첼로 소나타 4번(Op. 102)에 관해 다음과 같이 쓴다.

과연 〔이 소나타〕는 혹은 추상적이라고, 혹은 초경험적이라고, 또 혹은 초시간적(abstract, transcendent, or timeless)이

> 라고 묘사돼 온 바이지만, 이는 그의 다른 후기 작품의 성격을 소지하며, 분명히 그의 여생의 음악에 널리 나타나는 스타일의 효시이다.[9]

이 문장에서 쿠퍼가 베토벤의 "후기 작품의 성격"을 말하는 것은 그 작품을 듣는 자가 느끼는 경험, 즉 의식 내용이다. 객관적으로 시간을 요하는 음악이 "초시간적"인 "성격"을 지닌다는 주장은 역설이 아니다. 이 글에서 "추상적"이라는 뜻은 개념적 내지 관념적이란 뜻이 아니라, 다음의 두 형용사가 뜻하듯이 시간과 존재를 초월한다는 의미임이 분명하겠다. 또 "초경험적"이란 뜻은 일상생활에서 말하는 경험의 부정이며, 심미적 의식을 가리킨다.

6 위에서 비친 바지만 미의 의식뿐 아니라 모든 경험이나 의식은 초시간적이다. 그것은 시간이 경험의 대상이 아니라는 사실에서 자명하다. 그러면 왜 우리의 평상시의 개념세계는 모든 지각의 대상을 시간적인 것으로 보는가? 칸트가 인간의 지각의 선험적 형식으로 시간과 공간을 든다는 것을 지적했다. (그렇게 시간을 선험적인 개념으로 봄으로써 그는 실상 시간이

---

[9] Barry Cooper, *Beethoven*(2000), p. 242.

경험의 대상이 아님을 인정한다.) 시간이 공간과 더불어 현상계의 선험적 조건이라는 것은 동시에 모든 현상계의 존재는 시간적이라는 것을 뜻한다. 바꿔 말하면 초시간적인 것은 현상계에 존재하지 않는다는 말이 된다. 이와 같은 칸트의 존재관은 대체로 그의 뒤에 온 유럽의 현대철학자들이 받아 들였다 할 수 있으리라.

칸트의 이 존재관은 현상계에 한하는 것이어서 그것은 그의 현상/ 본체의 분별을 전제한다. 두말할 것 없이 이와 같은 형이상학적 분별을 평상시의 개념세계에서 기대할 수는 없다. 사람들은 보통 그들의 시간적 존재관을 모든 존재에 적용한다. 모든 존재는 시간의 테두리 속에 있으며, 그 밖에 있는 것은 존재하지 않으며, 따라서 경험의 대상이 될 수 없다는 것이다. 시간적인 것은 무엇이든지 인간의 지각으로 경험한다는 뜻은 아니다. 영靈과 신神의 존재를 주장하면서도 동시에 영이나 신은 육안으로는 볼 수 없다고 생각하지 않는가? 그러나 영도 신도 존재인 이상 어디까지나 시간적인 것으로 사료된다. 그래서 "영원한" 신을 찬양하고 영의 영생을 꿈꾸지 않는가?

이러한 시간적 존재관과 경험관은 초시간적인 것의 가능성을 부정한다. 이는 추상적인 선입견(즉 개념세계)에서 오는 부정이다. 이 선입견은 우리가 몸소 경험하는 의식 세계 자체에 대해 눈을 감게 한다. 나는 여기서 구체적인 의식 경험에 호소

할 뿐이다. 까맣게 윤나는 조약돌의 의식, 베토벤의 소나타를 듣는 의식—이런 의식에 어디 시간적인 요소가 들어 있는가?

7

아마 생각하는 마음은 모든 존재를 시간적으로 생각할 수밖에 없을지 모른다. 현상계의 존재의 시간성을 주장하는 칸트는 분명히 생각하는 마음의 입장에 서 있다. 이는 먹는 새의 입장이다. 먹어야 사는 존재, 시간상에서 살고 죽는 존재의 입장이다. 그래서 먹는 새는 영생을 꿈꾼다. 썩어가는 몸으로 이룰 수 없는 영생을 몸 없이 이루기를 바란다. (칸트는 그의 『순수이성비판』에서 생각하는 마음의 범주가 현상계에서만 타당하다고 주장하면서도, 『실천이성비판』에서는 영생을 순수실천이성, 즉 도덕의 선험적 조건으로 가정한다. 아마 그도 먹는 새의 꿈을 아주 포기하지 못한 것이 아닌가?)

먹는 새와 달리 보는 새는 영생을 꿈꾸지 않는다. 시간을 모르기 때문이다. 보는 마음은 시간에 매인 존재가 아니다. 무아無我다. 몸의 존재에서 해방되었다. 그러니 영靈적이라 할 수밖에 없다. 시간을 초월했으니 죽지 않는다. 그러니 신神적이라 부름이 마땅하지 않을까? 미의 경험은 보는 경험이다. 그 경험을 통하여 사람은 영의 경험, 신의 경험을 한다. 미의 세계에 있어서 영은 신이요, 신은 영이다.

비판철학자 칸트는 심미 경험을 논함에 있어서 영이나 신의 개념을 끌어들이지 않는다. 하지만 『판단비판』에서 인간이 동물로서는 자연 법칙의 필연 하에서, 이성적 존재로서는 도덕적 지상명령의 필연 하에서 삶으로써 자유롭지 못함을 인정한다. 그러면서 인간이 심미 경험을 통하여 비로소 그런 필연에서 벗어나 "자유로울" 수 있다고 고백한다.[10] 이 발언은 극히 함축있는 발언이라 아니 할 수 없다. 인간이 심미의 경험을 통해서 초시간, 초존재, 초도덕의 경지에 들어갈 수 있음을 은근히 승인하는 말이 아닌가?

8 심미의 기쁨이 욕심이나 무슨 뜻하는 바를 전제하지 않는다는 사실, 그래서 의욕충족의 쾌감이 아니라는 사실은 그 기쁨이 영적인 것임을 말해 준다. 영이라면 몸과 분리하는 경향이 있는데, 사실 이는 일상 용법과도 어긋난다. 영이 몸을 떠날 때 죽음이 온다고 보통 말하지 않는가? 또 귀신이 무언가? 짝이었던 몸을 잃어서 방황하는 영이 아닌가? 이런 화법은 산 인간이 영 가진 몸이라는 일반 관념을 반영하리라. (심신心身 이원론二元論을 주장한 데카르트도 인간에게 있어서 영육의 공존을 인정했다.) 마음을 두뇌와 분리시켜 독립적 존재로 생각할

---

10 이는 순수 실천이성에 근거한 그의 자유의지론과 상반되는 말로 들리리라. I. Kant, *Kritik der Urteilskraft*(*Kants Gesammelte Schriften*, V), p. 210 참조.

수 없듯이, 몸을 떠난 영도 없다. (아마 이 시대에 몸을 떠난 영은 다 종적을 감추었으리라.) 내가 여기서 심미의 기쁨이 영적이라 할 때, 나는 산 몸의 영의 기쁨을 뜻한다.

영의 기쁨이란 무엇인가? 생각하는 마음의 기쁨이 아니다. 그것은 보는 마음의 기쁨이다. 실상 영은 보는 마음이고, 보는 마음은 영이다. 의식하는 마음이고 의식하는 영이다. 영은 신과 통한다. 신이 영적 존재라는 것은 동서의 다른 전통에 있어서도 공통된 관념이다. 영의 기쁨이 곧 신의 기쁨이다.

9

플라톤은 그리스 신화에 나오는 신들이 너무나도 인간을 닮아서 불완전하고 부도덕함을 비난했다. 가령 완전한 신들이 아직도 올림포스 산에 거처한다고 하자. 그들이 과연 완전한 존재라면, 즐겁지 않을 수 없다. 그들의 즐거움이란 어떤 것일까? 욕구충족에서 오는 즐거움일 수 없다. 어찌 완전한 존재가 욕심이나 목적을 갖고, 그것의 충족을 위해 뛰어 다니겠는가? 무엇을 의욕한다는 것은, 플라톤이 말하듯이, 그것을 결여한다는 말이다. 그렇다면 완전한 존재가 무엇을 의욕하거나 추구한다는 것은 모순이겠다. 그러니 신들의 기쁨이란 의욕 만족에서 오는 쾌감일 수 없다. 그들의 기쁨은 보는 마음의 기쁨, 즉 의식의 기쁨일 수밖에 없다. 영의 기쁨이다. 내가 여기서 심미의 기쁨을 신의 기쁨이라고 덧붙이는 것은 그 기쁨의 신비와 신성함을 드러내기 위함이다. 사람은 미의 경험에서 비로소 신에 가까이 간다.

10 영이나 신은 물체가 아니다. 시간적인 존재가 아니다. 그러면 영과 신은 무엇인가? 한마디로, 작용이다. 무슨 뜻인가? 좀 번거로운 이론적 답을 하지 않을 수 없다. 철학에서 실체(substance)와 작용(function)을 구별한다. 실체란 존재하는 주체이다. 물物(물건)의 관념이 거기 깔려 있다. 물은 무엇이건 일정한 개성, 즉 본질을 갖는다. 존재관념을 중심으로 하는 세계관은 우주의 현상을 무슨 실체의 작용으로 본다. 이 관점에서는 작용은 작용하는 자, 즉 존재나 실체를 전제한다. 주어를 동반하지 않는 술어가 없듯이, 실체 없는 작용이 없다는 것이다. 나는 이와 같은 작용 개념을 거부한다. 현상을 실체의 작용으로 보지 않고, 현상에 일어나는 작용 그대로를 보자는 것이다. 작용하는 무엇을 전제하지 말자는 것이다. 명사 없이 동사만 있는 세계를 말한다. 이는 문법상 불가능한 일로 들리리라.

작용하는 주체의 실체개념은 아리스토텔레스의 논리학과 형이상학에 현저하다. 여러 철학자들이 지적했듯이 그의 실체관은 그리스어의 세계를 반영한다. 작용(현상) 뒤에 실체가 있다는 것은 언어 사용에 기인한 철학의 신화다. 말하자면 말의 서자다. 우리 말에도 같은 실체관이 깔려 있다. 따라서 여기서 영이나 신을 단순히 작용으로 말하는 데에 표현상의 문제에 봉착하는 것은 불가피하다. (때로 영과 신에 대한 나의 발언이, 특히 이 두 명사를 주어로 사용할 때, 문장상 마치 영이나 신을 실체로 취급하는 것처럼 들릴 수 있겠다. 말을 하자니 부득이한 일이다.)

잠시 영을 두고 생각하자. 영을 실체로 사료할 때, 실체론자는 그것이 지니는 특성 혹은 본질을 찾을 것이다. 그러나 영을 작용으로 보자는 것은 그런 개념적 문제를 떠나서 영의 작용, 즉 현상만 고려하자는 것이다. 환언하면, 그 작용에 영을 인정할 뿐이다. 영의 본질이 무어냐 하는 질문을 아니 한다. 영의 존재 여부에 대한 질문조차 없다. 보는 마음이 곧 영이라 했다. 이는 보는 마음의 봄(의식함)에 영을 인정한다는 말이다. 봄(의식함)이 영의 작용이다. "영靈하다"라는 동사를 지어서 영의 작용을 가리키자. 봄을 떠나 보는 마음이 없듯이, 영함을 떠나 영이 없다. 내가 (보는 마음으로) 볼 때 (영이) 영하고 있다. "영의 기쁨" 혹은 "영의 경험"이란 문구도 이런 식으로 읽을 수 있겠다. 심미의 기쁨에, 또는 심미의 경험에 영의 작용, 즉 영함을 인정한다. 보는 영, 의식하는 영, 심미하는 영, 심미의 기쁨을 느끼는 영, 즉 이런 작용을 하는 영이 무어냐고 묻는 것은 영의 실체관을 초래하는 일이다. 영하는 자, 즉 영함의 뒤에 있는 존재를 찾지 않는다.

심미 의식에 영을 찾듯이 거기서 신을 찾을 수 있으리라. 신은 영이라 했다. "신"의 동사로 "신神하다"란 용어를 쓴다면, 신함에 신을 찾자는 것이다. 마음으로 봄은 신함이다. 신함을 떠나 신은 무의미하다.

11 종교의 전통에 따라 신관神觀이 다름은 두말할 바 아니다. 하지만 마르크스가 주장하는 바대로 무릇 종교는 모든 가치의 원천을 신에서 찾으며, 내세를 위해 현세를 부정함으로써 인간 소외의 결과를 가져온다. 또 종교는 육의 부정에서 영을 찾는다. 현대를 믿음 잃은 시대라 한다. 가치의 근원인 신을 믿지 않는다는 말이다. 그래서 한 철학자는 신의 죽음을 선포했겠다. 한편 현대 문명은 또 육과 물을 긍정함으로 영을 잃었다. 그래서 허무의 광야에서 방황한다. 왜 허무인가? 가치의 원천을 잃었기 때문이다. 절대자를 잃은 눈앞에는 절대부정의 심연만 드러난다. 모든 뜻을 부정하는 죽음이다. 죽음이 무엇인가? 시간이 가져오는 존재의 부정이다. 시간에 매인 자의 운명이다. 죽음을 내다보는 마음은 공허를 볼 뿐이다. 이게 무슨 마음인가? 시간과 존재의 테두리를 넘지 못하고 가치와

뜻을 찾는 생각하는 마음의 결말이다.

영과 신을 (시간상에 존재하는) 실체가 아니라 작용으로 보는 것은 영과 신을 시간과 존재의 테두리에서 해방하려는 것이다. 신과 영이 이 해방을 필요로 하는 것이 아니다. 왜냐하면 작용으로서의 영과 신은 이미 보는 마음에 있다. 아니, 봄에 있다. 아니, 바로 봄이다. (마음 역시 그 작용 밖에 따로 없다.) 여기서 사실 해방을 요하는 것은 신이나 영이 아니라, 인류가 과거로부터 이어받은 신관, 영관이다. 생각하는 마음이다. 신과 영을 하늘이나 내세에서 찾지 말고, 이 땅 위에서, 현재에서 찾자. 보는 마음에서 찾자. 심미의 의식에서, 심미의 기쁨에서 찾자.

신이나 영은 (작용이라 불러 봐도) 역시 말이요, 개념이다. 보는 마음은 봄이다. 신을 보는가? 영을 보는가? 아니다. (개념은 생각하는 것이지 보는 것이 아니다. 지금 나는 말을 하고 있다. 말함은 봄이 아니다.) 봄은 현재를 봄이다. 현재가 무엇인가? 내 지각, 감각에 드러나는 것이다. 산 몸에 드러나는 것이다. 산 몸은 의식하는 몸이다. 곧 의식하는 마음이다. 보는 마음이다. 이게 순환론법인가? 반복화법인가? 사실 같은 것을 이렇게 말하고 저렇게 말할 뿐이다.

12 산 몸은 그 속에서 영이 깨어난 몸이다. 즉 의식하는 몸이며, 보는 마음이다. 의식함에 있어서 몸과 마음은 하나다. (이미 마음은 두뇌의 작용이라 했다.) 그러니 영과 신을 의식에서 찾는 것은 영과 신을 산 몸에서 찾는 일이다. 산 몸은 시간에 썩어가는 고기 덩어리가 아니다. 반대개념인 영과 육의 육이 아니다. 시간을 초월한 몸이다. 현재를 의식하는 몸이다. 과연 내가 말하는 영은 (산)몸의 영이다. 신도 마찬가지다. 몸의 신이다. 심미하는 몸이다. 개념의 신이 아니다. 심미경은 무아다. 자타가 없다. 신이 아니고 어찌 이 경지에 달하겠는가? 보는 신은 개념의 신이 아니다. 정의도 모르고 사랑도 모른다. 아는 신이 아니다. 진노하고, 심판하고, 책벌하고, 시기하는 신이 아니다. 전지전능한 신이 아니다. 보는 새다.

13 플라톤의 대화 『향연饗宴』에서 소크라테스는 여제사女祭司 디오티마에게서 들은 이야기를 옮기면서 에로스(eros)를 찬양하는 연설을 한다. 디오티마는 에로스는 신도 아니고 죽는 존재도 아니며, 미를 욕망하는 신령(daimon)이라고 선언한다. 그리고는 에로스의 네 단계를 가르치면서 미의 제계

를 설명한다. 이 제계의 제일 아래 단이 눈에 비치는 미이며, 마음만이 보는 미, 즉 미의 이데아가 제일 윗단을 차지한다. 여기에 현상계를 이상계의 그림자로 보는 플라톤의 미론이 잘 드러난다. 나는 산 몸의 현재 밖에 아무 세계도 인정하지 않는다. 그러나 에로스에 관한 그의 글들에서 미에 대한 깊은 통찰을 발견한다. 앞에서 비쳤지만 플라톤은 그리스 신화에 대해 극히 비판적이었다. 그렇지만 그의 신관이 그것을 배경함은 물론이다. 신들은 행복하고 선하고 아름답다. 그런데 에로스는 그런 신이 아니며 동시에 죽을 운명의 존재도 아니라는 것이다. 그런 존재가 사람이 아닌가? 인간은 시간 속에 사는 한, 불사의 신이 아니다. 그렇지만 심미세계에 사는 한, 죽는 존재도 아니다. 그 세계가 초시간적이니 말이다. 초시간은 죽음을 모른다.

14

심미하는 마음은 산 몸의 작용이다. 이 산 몸은 단순히 지각, 감각 기관에 한하는 것이 아니라 심미하는 자의 전부를 가리킨다. 생리학적으로 말한다면 심미 경험에 있어서 두뇌의 모든 의식 기관이 참여한다. 베런선은 예술 비평의 궁극의 기준을 "생명력의 고양(life-enhancing)"이라 주장하면서, 심미과정을 다음과 같이 설명한다.

〔심미의〕 대상이 생명력을 북돋우려면, 그것이 〔보는 자의〕 전 존재(the whole of one's being)에 어필해야 한다. 즉, 그의 지각에, 신경에, 근육에, 오장육부에, 또 〔물리적〕 방향, 굄, 중량에 대한 느낌, 또 균형, 중압, 역 중압에 대한 느낌, 또 개인에게 있어서 불가결한 육체적 자율을 위한 최소한의 공간에 대한 느낌에 어필해야 한다….[11]

베런선의 예술 이론에 나로서는 따르기 어려운 데가 적지 않다. 그러나 그의 글에서 나는 심미 경험을 체험한 자만이 드러내는, 예리한 통찰을 의식한다. 위의 그의 발언은 틀림없이 그 자신의 깊은 심미경험에 근거한 것이리라. 그는 이 문장에서 심미 과정을 주로 시각 예술을 두고 말한다. 나는 심미하는 자의 "전 존재"의 내용을 더 넓힘으로써 심미경험 일반에 대해 같은 말을 하겠다. 어느 개인의 "전 존재"는 그의 두뇌에 축적돼 있는 모든 것, 따라서 경험세계뿐만 아니라 개념 세계마저 포함하겠다. 다시 말하면 그것은 생리적 내지 물리적 존재뿐만 아니라, 신경과학자 제랄드 에델만(Gerald Edelman)이 말하는 "기억된 현재(remembered present)"를 다 포함해야 하겠다. 에델만은 주장하기를 "내가 가지는 이 순간의 통합된 의식('my integrated awareness of this moment')을 형성함에 있어서 나의

---

[11] *Aesthetics and History in the Visual Arts*, pp. 61-62.

모든 과거의 경험이 참여한다"고 말한다.[12] 그가 말하는 "과거의 경험"이란 나의 두뇌에 의식적 내지 무의식적으로 등기된 경험 일체를 뜻한다. 그것은 (경험 밖의) 객관적인 혹은 역사적인 과거를 뜻하지 않는다. 이 경험이 나의 체험뿐만 아니라 내가 언어의 매체를 통해 배운 바 모든 정보를 포함함은 물론이다. 사실 "기억된 현재"가 없는 산 몸이란 상상할 수 없다. 산 뇌는 타불라 라사가 아니다. 태아의 뇌도 어느 시기를 지나면 백지가 아니리라.

심미 경험이란 모든 경험이 그렇듯이 진공 상태에서 이루어지는 것이 아니다. 인간의 지각, 감각에 의거하는 예술 감상도 그러려니와, 문학 감상과 같이 말과 개념을 매개로 하는 심미 경험에 있어서는 더욱 그렇다. 무릇 언어란 언제나 특정한 개념 세계를 동반하게 마련이다. 그래서 어느 언어를 배워 제 것으로 한다는 것은 동시에 하나의 특정한 사고 형식, 즉 빗겐슈타인이 말하는 "생의 형식(Lebensform)"을 체득하는 일이다. 이 "생의 형식"은 경험의 틀이다. 그 틀 밖에서는 경험이 불가능하다. 심미 경험도 예외가 아니다. (선종에서 무분별심을 가르치는데, 그 경지에 들어간다는 것이 이 틀을 벗어난다는 말이 아닌가?)

심미경험이 보는 자의 "전 존재"에 어필해야 한다는 말은

---

12 Gerald M. Edelman, *Wider Than The Sky*(2004), p. 8.

아마 불라크의 심적 거리 설과 모순하는 것처럼 들릴 수 있겠다. 다시 이 거리가 평상시의 "나"와 심미 대상과의 거리를 뜻함을 상기하자. 이는 심미안의 관점이 일상생활의 관점과 상반함을 말해 준다. 유의할 것은 심미경험에 있어서 나의 "전 존재"는 경험 과정의 배경이라는 것이다. 관점이 아니다. 일상생활의 관점을 버리고 대상을 본다는 말과 자기의 "전 존재"를 배경으로 삼고 대상을 본다는 말에는 모순이 없다.

15 앞에서 지적했듯이, 심미 능력은 선천적인 면도 있겠지만 또 후천적인 면이 다분히 있다. 음악을 전혀 (선천적으로) 즐기지 못하는 사람은 없으리라. 혹 음치라는 사람은 있어도, 전혀 소리의 아름다움을 들어 느끼지 못하는 사람은 보지 못했다. 그런 면에서 심미의 능력은 대체로 어느 수준까지는 후천적으로 키울 수 있다고 하겠다. 나 자신의 경험으로, 나는 아직도 재즈 음악의 팬이라고 할 수는 없지만 가끔 즐길 때가 있다. 지금 이만큼이라도 감상할 수 있는 것은 다년간 미국에 살면서 재즈를 듣는 기회가 종종 있은 덕택이리라. 지난 몇십년 동안 재즈를 들을 때마다 그것이 내 두뇌에 조금씩 어떤 흔적을 남겼으리라. 그래서 요즈음 그 축적된 경험, 즉 "기억된 현재"의 배경으로 재즈를 듣는다고 하겠다.

16 “기억된 현재”란 사람마다 다르겠지만, 또 개인이 살아가는 동안에 달라질 수밖에 없다. 심미 경험은 노력하기에 따라 그 능력을 깊게 할 수도 있고 또 그 범위를 넓힐 수도 있다. 어떤 경우에는 심미 경험이 마치 암흑에서 빛의 세계로 들어가듯이, 거듭나는 경험일 수 있다. 베런선(1865~1959)의 경험담을 들어보자. 그는 이미 그의 르네상스 미술에 관한 저서를 둘 발표한 뒤였지만, 한 동안 자기 자신의 심미 경험의 결여를 절실히 느꼈다. 그가 소원해 마지않던 것은 작품에 완전히 자기를 잃는 경험이었다. 어느 날 아침 그는 스폴레토 밖의 성 피에트로 성당에서 문설주에 조각된 잎 달린 소용돌이 모양의 부각을 주의해 보고 있었다. “불현듯이 줄기며, 덩굴손이며, 잎사귀가 다 살아나며, 그래서는 나로 하여금 마치 캄캄한 입문 수행 과정에서 오래 더듬다가 광명 속에 나온 듯이 느끼게 하였다.” 베런선은 계속한다.

> 나는 몸에 조명을 받듯이 느끼며, 내 눈에 세계가 보이는 것이 〔사물의〕 윤곽마다, 변두리마다 그리고 표면마다 나와 산 관계 속에 드러났다. 이는 그 전까지의 순 인식적 관계가 아니었다. 그날 아침 이후로 눈에 보이는 모든 것은 나에게

무관심하게 보이는 일이 없으며, 흐릿하게 보인 적도 없다. 도처에 나는 생명력(vitality)의 맥동의 이미지를 느낀다. 즉 내가 느끼는 것은 에너지이며 광휘다. 마치 모든 것이 나 자신의 활동을 북돋음에 이바지하는 듯하다. 그 어느 것도 나에게 죽은 것이 없다. 하긴 어떤 것은 다른 것보다 더 생기 있지만.[13]

베런선이 여기서 기술하는 경험은 그 자신이 말하듯이 "본질에 있어서 신비의 경험(in essence a mystical experience)"이다. 독자는 앞에서 그가 심미의 순간을 묘사하면서 그것이 "한마디로 신비로운 비전의 순간이다"라고 선언한 것을 상기하리라.

베런선은 그의 신비 경험에서 그의 눈에 모든 것이 "산" 것으로 드러남을 보고한다. 그는 거기서 "생명력의 맥동의 이미지를 느낀다." 이는 심미의 세계가 "산" 세계임을 말해 준다. "에너지와 광휘(radiance)"가 찬 세계다. 이 경험을 하기 전에는, 그가 평소에 늘 찬양하던 작품에서도 그는 그런 "산" 경험을 하지 못했었다. 그의 대상과의 관계는 "순 인식적 관계"였

13 *Aesthetics and History*, p. 72. 원문에 "the ideated pulsation of vitality"이라는 구가 나오는데, 그것을 "생명력의 맥동의 이미지"라고 옮겼다. "ideated"를 "관념적"인 뜻으로 해석하는 것은 잘못이다. 이 단어는 베런선의 중요 용어인 "ideated sensations"에 들어 있는데, 이 용어의 뜻을 설명하면서 그는 예술작품이 자아내는 "느낌의 영상(the images of sensations)"(p. 67)을 뜻한다고 말한다. "느낌의 영상"이란 심미안에 비치는 이미지겠다. 이는 "심리적 내지 육체적"으로 느끼는 영상이 아니라 (보는 마음으로) 의식하는 이미지이다. (같은 곳 참조.)

다. 이는 그 관계가 본질적으로 관념적인 것에 그쳤음을 암시한다. 그 세계는 회색의 세계였다. 빛 없는 세계였다. 보는 세계가 아니라 생각하는 세계였다.

17 베런선의 신비적 경험담은 선종에서 말하는 돈오頓悟의 경험담과 흡사하다. 종교적으로 거듭나는 눈에 세상이 달라 보이는 것은 흔히 듣는 이야기이다. 사실 심미적 경험에서나 종교적 경험에서 평소의 생각하는 마음이 가 버리고 보는 마음이 작용하기는 마찬가지다. 두 경우에 다 보는 마음이 평상생활의 자기중심적 관점을 떠난다. 그래서 그 의식하는 눈에 만물이 평상시와 달리 나타난다. 이 변화를 흔히 빛 없는 세계에서 빛의 세계로 옮아가는 걸로 표현한다. 여기서 빛이란 곧 의식을 말한다. 열린 마음에 세계가 드러난다. 마음의 너울이 들린다. 심미안이 그 미의 세계를 본다면, 종교안은 절대의 세계를 본다 하겠다. 경험자들이 그 보는 바 미를 혹은 절대를 각각 달리 표현한다. (이는 궁극에 있어서 그들의 "기억된 현재"에서 오는 차이가 아닐까?) 베런선은 그의 심미경험에서 보는 세계를 미의 개념이 아니라 "생명력(vitality/energy)" 혹은 "생명력의 고양(life-enhancing)"이라는 개념을 써서 표현한다. 평생 르네상스 예술 연구에 정력을 쏟고, 그 환경에서 살고, 특히

인간상을 예술의 세계 중심에 둔 이 휴머니스트에게 있어서는 이해할 일이리라.

베런선의 심미 경험이 얼마나 종교적 경험과 흡사한가를 보이기 위해 아래에 인도의 라마크리슈나의 제자 비베카난다(Vivekananda)의 이야기를 소개하겠다. 하루는 그가 그의 동료와 같이 만물은 하나라는 베단타 철학의 불이일원론不二一元論을 논하다가 "어떻게 그럴 수가 있겠는가? 이 항아리가 신이고, 이 잔이 신이고, 또 우리들이 다 신이라. 이보다 더 황당무계한 설이 어디 있겠는가?" 하고 그의 회의를 토하고는 큰 소리로 웃어댄다. 이 웃음소리를 옆 방에서 들은 스승, 라마크리슈나가 방에서 나와 곡절을 묻는다. 보고를 듣자 그는 말없이 베바카난다의 어깨에 손을 댄다. 그러자 제자는 삼매경(samadhi)에 들어간다. 다음은 그 자신의 보고의 일부다.

> 그 날 스승이 신비롭게 내게 손을 댄 것이 즉시로 나의 마음에 경이로운 변화를 가져 왔다. 나는 과연 세상에 신 외에 아무것도 없음을 깨닫고 어리둥절했다. 나는 그것을 분명히 보았지만, 그 의식이 얼마나 계속하나 보기 위해 잠잠했다. 그러나 그 인상이 온 종일 덜해지지 않았다. 집에 돌아갔지만, 집에서도 내가 본 모든 것이 부라만(Brahman)으로 나타났다. 식사하러 자리에 앉았지만, 음식이며, 접시며, 식사를

나르는 사람이며, 나까지도, 그것 〔부라만〕이었다…. 하지만 내가 식사하던지, 자리에 눕던지, 학교에 가던지, 언제나 같은 경험을 하면서, 나 자신 일종의 혼수상태에 있는 듯이 느꼈다…. 이런 상태가 약간 변하는 동안, 세상이 마치 꿈처럼 보이기 시작하였다. 이 상태가 며칠 계속되었다. 내가 다시 평상 상태에 돌아왔을 때 나는 아드바이타〔不二一元〕의 경지를 얼핏 보았음을 깨달았다….[14]

18 베런선의 거듭나는 경험과 같은 심미경험은 누구에게나 오는 것이 아니리라. 특히 그에게 그 돈오의 순간이 오기까지에는 다년간의 예술 "수양"이 필요했으리라. 하지만 아름다운 대상을 보면서 혹은 영을 울리는 음악을 들으면서 지락경에 자기를 잃는 일은 드물지 않으리라. 공자가 음악을 극히 즐긴 것은 다 아는 사실이다. 그는 특히 순왕舜王의 조정의 음악으로 전해지는 소악韶樂을 좋아하여, 한번은 제齊에 체재하면서 그 음악을 듣고 석 달 동안 고기 맛을 잊었다고 한다.[15] 그 음악의 즐거움이 그에게서 떠나지 않았다는 말이겠다.

---

14 Swami Chetanananda(ed.), *Swami Vivekananda: Vedanta: Voice of Freedom* (1985), pp. 27-28.

15 『論語』, 述而篇 13.

19 프루스트의 『잃어버린 시간을 찾아서』에 나오는 화자의 추억의 한 에피소드를 들어 보자. 프루스트의 이 이야기를 통해 이때까지 추상에 흐른 나의 심미론이 어느 정도 구체성을 띠리라 믿는다. 우선 그 추억의 내용을 부분적으로 의역하면서 대략 옮기겠다.[16] 이 에피소드는 화자 마르셀이 조모와 같이 기차로 발백에 가는 도중에 겪는 이야기이다. (여행중 조모가 도중하차를 하였음으로 마르셀은 혼자 차 속에서 밤을 보냈다.)

> 동트는 하늘을 차창에서 내다본다. 흩어진 분홍 빛의 양털 같은 구름 조각들이 보인다. 이내 그 분홍 빛 뒤에 햇빛이 밀집한다. 그러자 하늘이 불타는 분홍색으로 변한다. 그것이 마치 대자연의 가장 내밀한 삶의 표현인 것처럼 느껴진다. 열차가 굽이를 돈다. 시야가 달라진다. 창틀의 액자에 잠자는 마을이 어스름히 드러난다. 지붕들이 달빛에 아직도 푸르다. 반짝거리는 별들이 뿌려진 하늘 아래 젖빛 광채가 못을 덮는다. 분홍빛 하늘의 띠가 없어짐을 한탄하는 순간,

16 Marcel Proust, *A la Recherche du Temps Perdu*, IV, *A L'Ombre des Jeunes Filles en Fleurs*(1919), pp. 70-73 참조.

그 띠가 저 쪽 창에 다시 나타난다. 이번에는 붉은 빛이다. 차가 또 굽이를 돈다. 그 빛이 사라진다. 나는 이 창에서 저 창에, 또 저 창에서 이 창에 왔다갔다 하면서, 쉴새없이 변해 가는 진홍색 아침의 대조적인 광경들을 하나의 캔버스에 모아 올려 하나의 총체적인 조망을 이루려고 한다.

열차가 두 산 사이에 위치한 정거장에서 멎는다. 협곡을 쏟아 내리는 개울가에 산지기 집이 눈에 뜨인다. 그 집에서 키 큰 아가씨가 나오더니, 우유 단지를 손에 들고 아침의 첫 햇살이 비스듬히 쬐는 오솔길을 올라온다. 정거한 차에 오더니, 차창 밖을 따라 가면서 잠에서 깬 몇 안 되는 여객들에게 커피와 우유를 제공한다. 아침 햇빛에 달아오른 아가씨의 얼굴이 하늘보다 더 발그레하다. 그녀를 보자 나는 아름다움과 행복감을 느낄 때마다 우리의 마음속에 재생하는 삶의 의욕을 의식한다. 나는 아가씨의 주의를 끌기 위해 그녀에게 커피를 가져오도록 손짓한다. 그녀가 나를 못 본다. 그녀를 부른다. 아가씨의 안색이 빛나는 것이 나의 눈에는 마치 불켜 놓은 창을 통해 보는 듯하다. 나는 그녀의 얼굴에서 눈을 떼지 못한다. 가까이 오는 처녀의 얼굴이 점점 커져 간다. 그것이 마치 차츰 가까워지는 태양이 그 붉고 금빛 나는 광채로 나를 눈부시게 하는 듯싶다. 드디어 그녀의 날카로운 시선이 내게 와 닿는다. 아가씨가 나를 눈여겨본다. 그 순간 열차문들이 다 닫히며, 차가 움직인다.

여기서 프루스트가 기술하는 마르셀의 경험은 틀림없이 심미의 경험이다. 첫째로, 동트는 아침 하늘의 변해가는 모습을 보려고 쉴새없이 자리를 옮기는 그는 눈앞에 벌어지는 광경에 자기를 잃었다. 작가의 자상한 묘사는 마르셀의 의식이 온통 미의 대상에 가 있음을 보여준다. 심미의 순간이다. 그걸 읽는 독자의 의식도 역시 그 광경에 집중하지 않을 수 없다. 그래서 독자도 그 광경에서 심미경험을 같이 하리라. 이는 문학의 마술이라 할까? 차가 산 속의 한촌에 멎었을 때의 마르셀의 경험 역시 심미 상태라 할 수밖에 없다. 그는 이른 아침햇빛에 휩싸여 움직이는 아가씨의 일거일동을 한시라도 놓칠세라 그녀에게서 눈을 떼지 못한다. 작가는 이 심미의 순간을 "아름다움과 행복감"의 순간이라고 부른다. 이 행복감이란 미의 의식을 동반하는 기쁨이 아니겠는가?

프루스트는 화자의 추억을 기술하면서 그 "아름다움과 행복감"의 경험이 얼마나 우리의 일상생활의 경험과 다르며, 또 우리가 평소에 그런 경험에서 떨어져 사느냐는 것에 대해 긴 명상에 들어간다. (그 명상의 내용을 또 대강 옮긴다.[17])

---

17 같은 곳 참조.

우리는 아름다움과 행복감이 보편적인 것이 아니라 경험마다 다른 독특한 성격의 것이어서 언제나 전에 경험한 어느 것과도 다른, 아주 새로운 성격의 것임을 잊는다. 우리가 평상시에 겪는 미감이나 행복감은 실상 과거에 본 아름다운 얼굴들이나 혹은 느낀 쾌감들의 개념적 "종합(synthèse)"이어서, "추상적인 이미지"에 불과하다. 그러니 그런 미나 행복은 "생기없고 무미건조한" 것이다. 내가 평소에 습관적으로 마음속에 그리던 "미의 모델"과는 전혀 상관없이, 그 "아름다운 아가씨"는 나에게 새로운 "행복감의 맛"을 주었다. 내가 이 행복감의 맛을 경험한 것은 오로지 나의 "습관의 일시적인 중단"의 덕택이었다. 나는 그 우유 처녀에게 나의 "전 존재"로서 임하는 혜택을 주었다. 그렇게 함으로써 나는 "가장 생생한 기쁨"을 맛보려 한 것이다. 대체로 우리는 우리의 존재의 최소한의 능력을 써가며 생존한다. 우리가 보통 사는 것이 "습관"에 의해 가능하므로 우리 능력의 태반은 수면상태에 들어간다. 해야 할 일을 "습관"이 알아서 한다. 따라서 우리가 가진 능력들의 봉사가 불필요하다. 그런데 이 날 아침, 여행으로 인해 나의 "생존의 일과가 중단됨"과 동시에 또 생소한 고장과 이른 새벽 시간이 이들 능력의 봉사를 불가결하게 하였다. 아침 일찍 기동하지 않는 나의 습관이 어쩌다 한번 유효성을 잃게 되었으므로, 나의 모든 능력이 그것을 대신하기에 바빴다. 그래서 이들 능력들이, "호흡, 욕망, 혈액순환에서 감수력, 상상력에 이르기까지," 서로 경쟁하는데, 그 열성이 파도처럼 일어, 전에 없던 높이에 달하였다. 그 산중의 거칠고 사나운 매력이 아가씨의 매력에 더했을지 모른다. 한 동안 나는 그녀를 눈여겨보면서, "만일 그녀와 같이 개울이며, 젖소며, 또 정거하는 열차에 오가면서 항상 아가씨의 옆을 떠나지 않고, 그래서 내가 그녀의 가슴 속 깊이 간직되어 있음을 느낄 수 있다면, 삶이 나에게는 더할 나위 없이 아름다우리라는 생각이 들었다." …. 나는 그녀가 성거상에서 나가 언덕을 내려가는 것을 본다. 이제 대낮이 다 됐다…. 나의 환희가 그 아가씨로 말미암아 온 것인지, 혹은 그것이 그녀의 나타남에서 느낀 즐거움을 가져 온 것인지, 하여간에 그녀가 그 경험과 밀접한 인연이 있기에 나는 그녀를 다시 보고 싶었다. 이 의욕은 그때 느낀 바 기쁨을 완전히 잃지 않으려는 심적 갈망이었으며, 또 한편, 아무리 그녀 자신은 몰랐어도, 그 경험에 참여한 그 여인과 떨어지지 않으려는 의욕이었다. 나의 심적 상태가 단순히 즐거웠을 뿐이 아니다. 그 상태는 "내가 본 모든 것에 다른 음조/색조(tonalité)를 주었고," 또 나를 "무한히 더 흥미로운, 미지의 세계의 무대에 출연자로 소개해 주었다." 속력을 가해 가는 차창에서 아직도 볼 수 있던 저 아름다운 아가씨는 내가 전에 알고 있던 삶과 다른 삶의 한 부분인 양 느껴졌다. 거기에는 분명한 경계가 있어서 이 삶에서는 "사물을 의식하는 느낌"이 전과는 같지 않으며, 거기서 내가 벗어나는 것은 나에게는 말하자면 죽음이 되겠다. 내가 이 조그마한 정거장 근처에 거주하면서 매일 아침 그 아가씨에게서 커피 한 잔을 구하러 올 수 있다면, 그것은 적어도 이 새로운 삶과 떨어져 살지 않는다는 느낌의 위로를 주기에 족하리라. 하지만 나는 지금 시시각각으로 증가하는 가속도로 다른 삶의 방향으로 실려가고 있다. 그 다른 삶에서는 영원히 그 아가씨의 그림자도 찾을 수 없으리라. 이 삶은 내가 장래 언제 같은 열차를 타고 같은 정거장에서 멎을 수 있는 그런 계획을 짜 냄으로써만 체념하여 감수할 삶이다. 이런 계획은 더욱이 "이기적이고, 작위적이고, 실용적이고, 기계적이고, 태만스럽고, 원심적인 경향인 인간의 마음"에 양식을 주는 이점을 겸한다. 왜냐하면 인간의 마음이란 우리가 경험한 바 즐거운 인상을 넓게 또 사심없이 분석하고 캐어들어가는데 필요한 노력에서 너무나도 쉽사리 곁길에 들어가 버리기 때문이다. (인용부호는 직역을 표시함.)

마르셀의 이 에피소드가 프루스트의 자서전적인 이야기임을 나는 의심하지 않는다. 작가 자신이 체험하지 않고서 어찌 이런 심미 경험을 묘사할 수 있겠는가? 그는 여러 차례 그 경험이 평상시의 "습관(Habitude)"의 중단으로써 가능하였음을 강조한다. 습관의 세계의 미감이나 행복감은 "추상적이고," 따라서 "생기없고, 무미건조하다." 이와 반대로, 이 날 아침 그는 새로운 "행복감의 맛"을 발견한다. 그는 마치 "무한히 더 흥미로운, 미지의 세계의 무대에" 오른듯 느낀다. 거기서는 모든 것이 새로운 "음조/색조"를 띠며, "사물을 의식하는 느낌"이 다르다. 이 새로운 "tonalité"의 세계를 신비의 경지라고 부를 수 없을까? 이처럼 마르셀이 그 우유 처녀를 보며 느끼는 미감과 행복감은 영의 경험이라 해도 좋으리라.

이 날 아침 마르셀이 차창에서 내다보는 광경은 빛에 담뿍 쪼인 광경이다. 프루스트는 동트는 하늘을 묘사할 때뿐만 아니라 우유 처녀의 얼굴이며 그녀의 오고 감을 그림에 있어서도 특히 빛의 언어를 쓴다. (이 에피소드의 시간이 새벽이라는 것을 빛없이 살던 습관의 밤에서 눈이 떠서 모든 것이 밝은 빛 아래 새로 드러나는 상태를 상징하는 것으로 읽을 수 없을까?) 빛의 세계에서 미와 행복감을 겪는 것은 영의 경험이 아닐 수 없다. 사실 작가는 우유 처녀의 미를 단순히 육체적으로 표현하지 않고, 빛 속에 나타나는 미로 그린다. 그것은 영이 보는 미가 아닌가? 아가씨는 "아침의 첫 햇살이 비스듬히 쬐는 오솔길을" 걸어 올라오며 등장한다. 또 "아침 햇빛에 달아오른 아가씨의 얼굴은 하늘보다 더 발그레하다." 특히 마르셀이 가까이 오는 아가씨의 얼굴이 "마치 차츰 가까워지는 태양이 그 붉고 금빛 나는 광채로 나를 눈부시게 하는 듯"했다고 묘사하는 것은 사실 그녀를 이 세상의 여인이 아니라 신비로운 태양의 여인으로 암시하는 대목이 아닌가?

마르셀이 "장래 언제 같은 열차를 타고 같은 정거장에서 멎을 수 있는 그런 계획"을 꿈꾸면서 그의 추억을 맺는 부분에 대해 한 두 마디 하겠다. 그 계획이 "이기적이고, 적극적이고, 실용적이고, 기계적이고, 태만스럽고, 원심적인 경향인 인간의 마음에 양식을 주는 이점을 겸한다"고 말하는 프루스트는 분명히 아이러니컬하다. 그런 "인간의 마음"이 바로 그가 앞에서 거듭 말한 바 "습관"에 사는 마음이 아닌가? 다시 그 우유 처녀를 만날 계획을 하는 것은 그녀가 주는 "행복의 맛"을 잊지 못해서 하는 말이다. 그 "행복의 맛"을 "이기적이고… 실용적이고 기계적이고…원심적인" 삶, 즉 습관의 생활을 계속하면서 동시에 향유하려는 것은 모순이기도 하려니와 욕심의 극이라 할 수 있다. 그 꿈의 모순과 욕심은 보는 마음의 기쁨을, 생각하는 마음의 습관을 버리지 않고 향유하려는 데 있다. 생각하는 마음의 욕심이며 모순이다. 끝으로, 프루스트는 사람의 마음을 왜 "원심적(centrifuge)"이라고 부르는가? 그것이 마음의 중심인 의식에서 멀어져 감을 뜻하리라.

20 아마 누구든지 심미의 기쁨을 경험하는 사람이라면 잊을 수 없는 심미의 경험의 에피소드가 있으리라. 나는 몇 년 전에 카잘스가 연주하는 바하의 첼로 독주 조곡 CD를 들으면서 형언할 수 없는 미의 경지에 들어간 적이 있다. 나는 바로 그런 경지가 지락이 아닌가 하고 나중에 생각하기까지 했다. "지락"이란 객관적으로 이렇다 저렇다 서술할 수 있는 경험 내용을 뜻하지 않는다. 그러니 주관적인 뜻을 갖는다 할 것인가? 다 경험하지 않는 사람이 밖에서 하는 말이다. 왜냐 하면 그 경험에는 내가 없기 때문이다. 그 후 그 CD를 때때로 듣는다. 그리하여 그 신비로운 세계에 드나든다. 그렇다고 꼭 같은 경험을 한다고는 할 수 없다. 나는 특별히 조곡 6번을 좋아한다. 그것을 들으면 들을수록 나는 그 신비의 무궁무진함을 의식한다. 로스트로포비치는 6번의 알망드(allemande)에 대해 말하기를 거기의 "멜로디는 마치 인력의 법칙 밖에서 흘러가는 듯하다"고 한다. 이는 시공의 지구권을 떠난 경지를 말하지 않는가? 나는 같은 조곡의 사라반드(sarabande)를 들을 때 신에게 무언의 기도를 올리는 바하를 보는 듯 느낀다. 그것은 영적 순

간, 신적 순간이라고 표현할 수밖에 없겠다.

바하가 극히 독실한 루터교의 신자였다는 사실은 아무도 의심하지 않는다. 그는 그의 가정 성경책의 『역대기』 제 2권(5:13)의 난외에 "경건한 음악에는 신이 언제나 자비로이 같이 한다"라고 기입했다. 아마 그는 신에 바치는 경건한 마음으로 그의 허다한 칸타타며 다른 종교음악은 물론, "푸가의 기술(Die Kunst der Fuge)"과 같이 예술적으로 심오한 작품들을 작곡하였으리라. 피터 윌리엄즈(Peter Williams) 교수는 그의 최근의 저서에서 다음과 같이 쓴다.

> 바하는 그의 음악이 그의 이웃을 가장 감동시킬 때가 아니라 그것이 아주 복잡하거나 혹은 정교하여서 그 자신과 그의 창조주만이 그것을 이해할 수 있을 때 그가 〔그의 음악을 통하여 신에게〕 경건을 다함을 느꼈다고 우리는 추측할 수 있겠다.[18]

과연 신이 바하의 정성을 받아들여 그의 음악을 천상에서 즐겨 듣고 있다면, 그것을 이 땅에서 듣는 영은 신과 같이 그걸 즐긴다고 할 수 없을까?

---

[18] Peter Williams, *The Life of Bach*(2004), pp. 152-153.

제3장

美와 에로스

1

마르셀이 그에게 지복감을 준 아가씨를 다시 만나기 위해 같은 정거장에 멎을 꿈을 꾼다. 그처럼 한번 미의 기쁨을 경험한 자는 같은 경험을 희구하지 않을 수 없다. 플라톤은 미의 기쁨을 갈망하는 마음을 에로스(eros)라고 한다. 그는 그의 대화 『파이드로스』(*Phaedrus*)에서 소크라테스의 입을 빌어 에로스의 신을 찬양하면서 그 신의 추종자를 "광기(mania)"든 영이라 한다. 광기 들었다는 것은 말하자면 "신 들렸다"는 뜻이다. 무엇에 미쳤는가? 미("to kalon")에 "미쳤다." 플라톤에 있어서 에로스가 추구하는 대상은 언제나 미다. 그는 『향연』에서 에로스의 네 단계를 구별하면서 네 가지 미를 분별한다. 최하가 육체적 미, 그 다음이 행실이나 제도 관습의 미, 셋째가 여러 지식 분야의 미, 그리고 최고의 미가 바로 이데아로서의 미, 즉 미 자체다. 이처럼 미의 층계를 구별하는 플라톤은 모든 광기를 똑 같이 취급하지 않는다. 그래서 육의 미에 대한 욕구를 동물적인 정욕(패션)이라 부르는가 하면, 미의 이데아에 대한 갈망을 "신의 선물"로 보아 신적인 것으로 극찬한다.

미에 미친다는 것은 무엇을 뜻하는가? 나는 이 질문을 답하기 위해 『파이드로스』에 나타나는 플라톤의 에로스관을 살펴보려 한다. 우선 이 대화에서 소크라테스가 신의 선물인 광기를 찬양하게 되는 경위를 간단하게 설명하겠다. 대화의 첫 부분에서 파이드로스가 웅변사 리시아스에게서 들은 에로스에 대한 연설 내용을 소크라테스에게 전한다. 리시아스는 그의 연설에서 사랑은 애인보다 비애인에게서 받는 것이 바람직하다고 주장한다. (이 대화에서 말하는 사랑은 고대 아테네의 상류층에서 행해진 연상의 남자와 소년 사이의 동성애다.) 리시아스의 요점은 사랑에 빠진 자는 만사에 대해 바른 판단력을 잃으며 동시에 자제력을 상실하여 절제의 생활을 하지 못한다는 것이다. 한마디로 사랑 때문에 "미친다." 소크라테스는 우선 이 연설을 듣고 리시아스의 결론에 근본적으로 동의하되 그 이론의 빈약을 지적하고 다른 이론을 제시한다. 그는 이 연설에서 애인과 비애인이 각각 원하는 것을 분간하여, 전자는 후자와 달라 미의 즐거움 때문에 비이성적인 욕망(즉 에로스)에 사로잡힌다고 말한다.

2 소크라테스는 그의 연설을 끝마치고 나서 잠시 후에, 자기가 그 연설로 인해 에로스 신神에 대해 불경을 범했음을 깨닫는다. 그래서 그 연설을 철회하고 새로운 연설을 한다. 이 둘째 연설 중에서 소크라테스는 인간의 영혼(psuche)을 두 필의 말이 끄는 채리어트를 탄 채리어티어에 비한다. 이 비유는 플

라톤의 인간의 영혼관을 보여주는 설화로 유명하다. 이 설화에서 채리어티어는 이성을, 옳은 쪽 말은 인간의 정기正氣, 왼 쪽 말은 본능적 욕망을 각각 상징한다. 우리는 이 영혼관 자체에는 관심이 없다. 그렇지만 이 설화의 몇 가지 점을 지적하겠다.

무엇보다 염두에 둘 것은 플라톤에 의하면 영은 불사不死라는 것이다. 또 불사이기에 (그 자체로서는) 몸이 없다. 불사인 신들은 몸 가진 존재가 아니다. 죽어야 하는 존재가 몸이어서, 영이 몸과 합칠 때 그 존재는 죽을 수밖에 없다. 소크라테스는 말한다.

> 영과 몸이 합친 것을 생물 또는 동물이라 부르며, 또 죽는 존재라 지칭한다. 그런 복합체가 불사일 수는 없다. 하긴 신의 본성을 분명히 터득 못한 탓으로 몸과 영이 영원히 결합된 존재를 상상할지는 모르지만. 그건 사리에 어긋난다. (246*cd*)

원래 채리어트를 끄는 두 말은 날개가 달려서 채리어티어가 그 수레를 타고 신들의 코러스와 같이 천상을 즐겨 돌아다닌다. 그러면서 천상의 온갖 아름다움을 본다. 그런데 왼 쪽 말이 주인의 명에 잘 순종치 않는, 불량한 종자이어서 그 수레는 점점 신들과의 행열에서 떨어져 나가게 된다. 본래 날개란 천상의

"미와, 지혜와, 선"(즉, 플라톤의 이데아)에서 영양을 취득하는 것인데 그 영양을 못 받음으로 인해, 그 두 말은 차차 날개를 잃고 채리어티어를 끌고 필경에 지상에 하락하고 만다. 지상의 인간의 영은 그리하여 날개 잃은 말을 탄 채리어티어다.

이 하락한 채리어티어 중에 어떤 채리어티어는 지상의 아름다운 대상을 볼 때 천상의 참된 미를 회상하며 그것을 동경하고 그것을 좇는 생활을 한다. 그 결과로 차츰 그의 말에 다시 날개가 돋기 시작한다. "그는 다시 천상에 오르려는 열망으로 날개를 펄덕거리지만, 뜻을 이루지 못하고 그저 날아 올라가다 말고 무엇에 내려앉는 새처럼 하늘만 쳐다보며, 세상사에는 전혀 무관심하다. 그래서 그는 미쳤다는 악평을 받게 된다"(249*d*). 이런 채리어티어가 바로 참된 미에 미친 "미의 애인"이다.

소크라테스는 인간의 영이 지상에서 어떤 운명의 생을 보내느냐는 것은 궁극적으로 그가 얼마나 천상에서 본 진리와 미, 즉 이데아의 세계를 상기하느냐는 데 달렸다고 말한다. 어떤 영은 그 미를, 혹은 진리를 회상하여 그것을 동경하는 생활을 하는가 하면 어떤 영은 그런 기억이 전혀 없거나 혹은 희미하여서, 세상사에 골몰하다. 이런 영은 채리어트의 왼쪽 말(본능적 욕망)에 끌려 육의 쾌락을 좇으며, 생식하기에 바쁘다. 즉 타락한 채리어티어다. 이와 반대로 미와 진리의 "애인"은 육의 쾌락을 멀리한다. (이른바 플라토닉 사랑이란 이를 말한다.) 플라톤은 소크라테스의 연설에서 영의 생애가 얼마나 천상의 미와 진리와 가까운가 혹은 먼가 하는 것을 고려하여 영의 등급을 매긴다. 제 일 위가 "지혜의 애인"(철학자)이나 "미의 애인"이며, 그 밑이 선량한 왕이나 장군, 그 다음이 정치가나 재정인, 등등, 이렇게 아홉 가지 생애를 열거한다. 그는 시인이나 예술인을 여섯째로 취급한다.[19] 여덟째가 궤변가와 선동가(데마고그), 그리고 제일 아래가 폭군이다.

3 이 대화의 첫 부분에서 파이드로스가 보고하는 리시아스의 연설을 상기하자. 리시아스에 의하면 애인은 "광기 든" 사람이어서, 사리를 바로 판단하지 못하고 자제력이 없다. 그렇기 때문에 사랑의 관계는 애인보다 비애인과 맺는 것이 바람직하다는 것이 그의 주장이다. 소크라테스는 그의 둘째 연설에서 이 주장을 반박한다. 그러면서 그는 (아폴로에게서 오는) 예언자의 광기와 또 (뮤즈에서 영감을 받는) 시인의 광기와 에로스를 추종하는 광기를 구별한다. 그리고 그는 에로스를 따르는 광기는 신에게서 받는 영감 중에서 "가장 고귀하고 최상의

---

19 그리스어로 "시인(poietes)"은 "만드는 사람"을 뜻한다. 이 뜻에서 모든 예술인이나 장공도 "시인"이다. 플라톤은 시인들이 천상(이데아의 세계)이 아니라 지상의 미를 재현함을 비판한다.(『공화국』, 401*b* 참조.) 지상의 미의 이미지가 보는 자의 눈을 천상의 미에서 가려, 그로 하여금 타락하게 한다는 것이다.

것”(249*e*)이라고 선언한다. “아름다운 소년을 사랑하는” 애인이란 바로 이 신의 선물을 받은 자라는 것이다.

왜 플라톤이 이 광기를 “가장 고귀하고 최상의” 영감이라 하는가? 그것은 그 광기가 천상의 미, 즉 절대미(미의 이데아)에 대한 사랑이기 때문이다. 소크라테스는 말한다.

> 〔이데아로서의〕 정의와 절제는 지상의 사본을 통해 빛나지 못한다. 영이 찬미하는 다른 대상〔이데아〕들도 역시 그러하다. 이런 대상은 지각에 희미하게 보여서 소수의 사람만이 간신히 지상의 사본에서 그 원본을 알아낸다. 그러나 참된 미는 영들이 〔천상에서〕 그 영광스런 코러스와 더불어… 그 가장 아름다운 광경〔이데아의 세계〕을 보며 지복이라 할 신비경에 들어갔을 때 찬란하였다…. 우리는 완전하고 순수하고 부동하고 기꺼운 그 신성한 광경을 황홀 속에 쳐다보았다. 그것이야말로 최상의 광경이었다. 우리는 그것을 순수한 빛 속에서 보았다. 왜냐하면 〔그때는〕 우리 자신이 순수하였고, 우리가 지금 지니고 다니는 몸이라는 것에 마치 굴이 패각에 들어 있듯이 갇혀서 파묻혀 있지 않았다.
>
> …. 내가 말한 바대로, 참된 미는 온 〔천상의〕 대상 중에서 가장 찬란하다. 지금 우리가 지상에 내려왔으므로, 그것

이 우리의 가장 밝은 지각에 광휘롭게 보인다. 시각이란, 지혜는 못 보지만, 우리의 지각 중에서 가장 예리한 것이다. 만일 지혜의 이미지가 미처럼 시각을 통해 그렇게 밝게 우리에게 들어온다면 그것은 우리에게 무서울만큼 강한 사랑을 일깨울 것이다…. 그런데 미만이 이 특권을, 즉, 눈에 가장 잘 보이고 가장 사랑함을 받는 특권을 가지고 있다…. 물론 그 〔천상의〕 광경을 본지 오래 된 자나 부정한 자는 지상의 아름다운 것을 볼 때 갑작스레 그 모습에서 〔천상의〕 참된 미의 모습으로 눈을 옮기지 못한다. 그래서 이 미를 경건스런 마음으로 쳐다보는 대신에 쾌락에 빠지며, 네 발 가진 심승처럼, 아이 만들기에 열중한다. 그는 또 악에 뒹굴면서 아무 두려움이나 수치감이 없이 부자연스런 쾌락을 추구한다. 그러나 천상에서 그 광경을 본지 얼마 안 되고 또 많이 본 자는 신과 같은 소년의 얼굴이나 참된 미의 표현인 몸 모습을 볼 때 처음에는 전율하며, 전에 겪었듯이 공포감에 사로잡힌다. 그리고 그는 마치 신에게라도 드리는 듯한 경건심으로 그를 바라다본다. 만일 그가 사람들이 자기를 미쳤다고 여기는 것을 두려워하지 않는다면 그는 그 소년이 마치 신의 이미지인 양 그에게 희생의 예까지 올린다.(250*b*-251*a*)

4 나는 플라톤의 이상주의적인 형이상학을 따르지 않는다. 우리의 산 몸의 세계 외에 다른 세계란 천상에도 없고 지하에도 없다. 의식하는 지각의 대상 외의 모든 것은 생각하는 마음의 소산이어서 관념이다. 플라톤의 이데아는 관념에 불과하다. 그가 참된 미, 절대미, 즉 미의 이데아를 보는 이야기, 그걸 회상하는 이야기를 한다. 나는 이런 이야기를 설화 혹은 신화(myth)로 읽는다. 형이상학의 이론으로도 읽지 않는다. 사실적으로 읽지 않음은 두말할 것 없다. (플라톤의 형이상학 체계 전체를 하나의 신화로 읽을 수 없을까?) 이제 플라톤의 에로스의 설화를 나의 미관에 비추어 해석을 붙이려 한다.

산 몸이 지각의 세계에서 의식하는 미 외에 순수한 절대미란 따로 없다. 이는 의식의 대상이 아니다. 절대미란 추상의 물화物化(hypostatization)다. 그러나 나는 플라톤이 그 미를 보통 지각하는 아름다운 대상과 구별함에 있어서 일상생활에서 말하는 미와 심미의식의 미를 구별하는 걸로 해석해 본다. 전자는 의욕 충족의 미인데 반해서 후자는 인간의 의욕과 전혀 무관한 미다. 그러므로 이 미는 천상의 미며, 신들이 즐기는 미라 하겠다. 그 미의 기쁨은 욕구 충족에서 오는 쾌감과 전혀 다르다.

심미의 세계는 의식의 세계이며, 그 세계는 일상생활의 세계와 달리 빛의 세계이다. 미의 의식이 대상을 빛나게 한다. 심미안이 뜬 농부의 눈에 평상시의 민들레꽃의 "회색"의 노랑이 갑작이 빛나는 노랑으로 드러난다. 천상의 미의 찬란함을 거듭 말하는 플라톤은 바로 이 심미경험에서 느끼는 조명의 경험을 가리키는 것이 아닌가? 그는 이 점에서 미의 이데아는 정의나 절제나, 심지어 지혜의 이데아와도 다르다는 것이다. 이런 이데아는 빛나지 않는다. 미가 모든 이데아 중에서 가장 밝게 눈에 보인다는 것은 바로 미의 경험이 의식인데 반해서 정의나 지혜와 같은 다른 이데아는 의식의 대상이 아님을 말하리라. 이들은 지성, 즉 생각하는 마음의 대상이니 말이다.

플라톤은 미와 지혜의 "애인"을 하락한 채리어티어들 중에서 가장 천상(이데아)의 생활에 가까이 사는 영이라 한다. 플라톤에 의하면 지혜란 항시 변하는 현상계가 아니라 그것의 원본인 불변의 실재, 즉 이데아의 세계의 파악이다. 따라서 지혜의 애인인 철학자가 이 세상에서 가장 고귀한 생을 보낸다는 것은 플라톤의 세계관에서 마땅한 일이다. 그가 에로스의 설화에서 미의 애인을 지혜의 애인과 동렬에 둔다는 것은 주목할 일이다. 왜냐하면 미의 애인은 천상의 진리 자체에 대해서는 전혀 이해가 없기 때문이다. 소크라테스는 말한다.

이들 〔미의 애인〕은 지상에서 참된 미의 이미지를 보고는 경악하며 제 정신을 잃는다. 그들은 자신이 경험하는 바를 전혀 이해하지 못한다. 왜냐하면 그들이 보는 것이 무엇인지 그것을 완전히 파악하지 못하기 때문이다. (250*ab*)

미의 기쁨에 사는 미의 애인은 지혜의 애인과 달라서 미를 볼 뿐, 진리를 깨닫지 못한다. 그럼에도 불구하고 플라톤은 에로스의 설화에서 미와 지혜의 애인을 같이 취급한다.

5 플라토닉 사랑이란 말을 듣는다. 이 사랑은 보통 육체적 관계를 떠난 지성적 사랑으로 알려져 있다. 에로스의 설화에서 참된 미에 미친 사랑이 육체적 사랑을 초월한다는 것은 분명하다. 플라톤에 있어서 육체적 사랑이란 육체적 의욕 충족 추구이기 때문이다. 그러나 플라토닉 사랑이 비육체적이라는 것은 그것이 곧 지성적이라는 말이 아니다. 바로 앞에서 본 바와 같이 (천상의) 미의 애인은 지혜의 애인과 다르다. 그는 에로스의 추종자다. 참된 미의 기쁨에 정신을 잃은 자다. 진리를 추구하는 자가 아니라 미를 사랑하는 자다. 다만 천상의 미를 사랑할 뿐이다.

나는 플라톤의 천상의 미를 산 몸이 경험하는 바 심미의식의 미로 해석한다. 몸을 떠난 미의 경험이란 상상할 수 없다.

그러나 한편 초육체超肉體라는 개념을 "몸 밖"이 아니라 의식하는 마음의 뜻으로 해석해 볼 수 없을까? 심미 의식은 보는 마음의 경험이다. 자기중심적인 욕구 충족과 무관하다. 그런 면에서 초육체적이라 하겠다. 그러나 이는 그 의식이 "몸 밖"에서 이루어진다는 말이 아니다. 의식은 산 몸의 의식이니 말이다. 따라서 플라토닉한 애인이 꼭 육체적 관계를 멀리한다는 것은 잘못이겠다. 실상 모든 육체적 관계를 떠나서는 애인의 관계는 불가능하다. 몸 밖에서 심미의 기쁨은 불가능하기 때문이다. (육체적 관계는 반드시 성적 관계를 뜻하지 않는다. 그저 애인과 같이 한 자리에 있는 기쁨도 있지 않는가? 소크라테스는 미에 미친 자는 애인 가까이라면 아무데서나 "노예처럼 자는 것도 꺼려하지 않는다"고 말한다.) 사실 앞에 인용한 장문의 끝부분에서 소크라테스는 "신과 같은 소년의 얼굴"을 말하는가 하면, 또 "신의 이미지"와 같은 소년이라는 표현을 쓴다. 미의 애인은 사랑하는 자의 (지상의) 육체를 보아서 비로소 천상의 미를 회상한다. 지상의 이미지 (몸의 미) 없이는 천상의 원본을 회상하지 못한다.

6 이 대화에서 소크라테스는 에로스를 신이라고 하는데, 『향연』에서 디오티마는 에로스는 신이 아니라 "신령(daimon)"

이라고 말한다. 디오티마는 에로스는 불사의 신도 아니고 죽는 생명도 아니며 그 "중간"이라고 밝힌다. 즉 "신령"이라는 것이다.(202*de*) "daimon"이란 무엇인가? 플라톤은 『티마이오스』에서 다음과 같이 말한다.

> 우리는 우리 영의 가장 중요한 부분을 신이 우리에게 준 우리의 신령(daimon)으로 생각해야 한다. 그것은 우리가 주장하는 바지만 우리 몸의 최상부에 거한다. 그것이 우리를 지상에서 일으켜 천상의 동류로 올린다. 왜냐하면 우리는 땅이 아니라 천상에서 태어났기 때문이다.(90*a*)

신령은 분명히 영이지만 동시에 인간의 지상의 생존, 즉 육체의 생과 불가분의 관계를 갖는다. 그러므로 영적인 면에서 죽는 존재가 아니지만, 또 한편 인간의 육체와 더불어 존재하는 면에서 천상의 신도 아니다.

플라톤은 『향연』에서 무엇을 욕망한다는 것은 그 욕망의 대상을 결한다는 뜻이 들어 있다고 주장한다. 사랑은 미에 대한 갈망이다. 따라서 사랑은 미를 결한 사람이 희구하는 일이다. 이런 면에서, 디오티마가 말하는 에로스는 미에 대한 인간의 갈망을 인도하는 신령이다. 이와 달리, 『파이드로스』에서 플라톤이 찬양하는 에로스는 사랑의 광기와 그 기쁨의 혜택을 베풀

어주는 신이다. 즉, "우리 몸의 최상부에 거하는" 신령이 아니라 천상에 거하는 신이다.

7 "미의 애인"의 광기는 어떤 의미에서 "신의 선물"인가? 리시아스는 애인은 미쳤기 때문에 사랑의 관계는 애인보다 비애인과 맺는 것이 바람직하다고 주장한다. 소크라테스는 이를 반박하고 애인의 광기는 신의 선물이어서, 이 선물을 받는 자는 가장 축복 받은 자라고 말한다. 그의 에로스의 설화는 바로 이 주장을 뒷받침하는 이야기다. 그는 리시아스의 의견이 세상 사람들의 통념임을 시인한다. 그러나 그것은 이 세상의 관점에서 보고 하는 말이다. 사실인즉 애인은 오히려 "신적인 것"(미)에 눈이 떠서, 인간사에 무관심하다는 것이다. 문자 그대로 그는 "신이 들렸다." 이것을 모르고 세상 사람들은 그가 정신을 잃었다고 비난하며 그를 회피하는 것이다. 애인이 보는 세계는 무엇인가? 그것은 바로 빛나는 미의 세계다. 그의 심미의 눈이 떴다. 이와 반대로 세상 사람의 눈은 실용주의적인 일상생활의 관점이다. 의욕의 관점이다. 자기중심이다. 애인은 의식의 세계에 산다. 미를 본다. 그 반면에 비애인은 세상사에 종사한다. 그의 마음은 손익을 계산하는 마음이다. 생각하는 마음이다. 따라서 의식을 결한다. 그의 세계는 빛이 없다.

플라톤은 한 대목에서 사랑은 기쁨만이 아니라 고통을 가져옴을 인정한다. 애인에게는 만남의 기쁨이 있는가 하면 떨어짐의 고통이 있다.(251*cd*) 그러나 그 고통은 그 기쁨을 한 층 더 달콤한 것으로 만든다. 다음 글에서 소크라테스는 그 달콤한 기쁨을 경험한 애인의 영은 세상의 모든 가치를 등진다고 말한다.

> 〔사랑의〕 괴로움과 아픔이 가실 때, 그 순간 그 영은 모든 즐거움 중에 가장 달콤한 즐거움을 경험한다. 이 즐거움을 그는 결코 단념하려 하지 않는다. 아무도 그에게 이 아름다운 소년보다 중하지 않다. 그는 어머니며 형제며 벗을 아주 다 잊는다. 그리고 그의 재산을 돌보지 않으며 잃어도 걱정하지 않는다. 그의 영은 그가 과거에 자랑스레 여기던 단정하고 예의바른 품행을 멸시한다. 심지어 그는 그 동경의 대상에게 가까이 있을 수 있는 곳이라면 아무데서나 노예처럼 자는 것을 꺼려하지 않는다. 그것은 그 영이 미의 소지자를 숭상하는 마음을 가진데다가 그 소년만이 그가 겪는 그 모든 〔사랑의〕 아픔을 치유해 줄 의사이기 때문이다.(252*ab*)

왜 미의 애인은 이처럼 세상의 모든 가치를 저버리는가? 아름다운 소년에게서 천상의 미를 보기 때문이다. 그 소년에 대한 사랑은 곧 신의 미에 대한 사랑이다. 그래서 그는 지상에 사는 동안에 벌써 천상의 미와 기쁨의 경험을 한다. 그것은 신과 같은 경험이다. 따라서 몸 가진 자로서 겪을 수 있는 지고의 즐거움이 아닐 수 없다. 동시에 이로 인하여, 그의 영에는 다시금 날개가 돋아난다. 그래서 사후에는 그 영은 비애인의 영과 달리 필경 몸의 감옥에서 해방되어 천상에 오르게 된다. 소크라테스는 말한다.

> 젊은이여, 이처럼 애인의 친분이 가져오는 축복이란 과연 신의 선물이다. 그 반면에 비애인과의 상종이란 인간적인 자제로 인해 그 순수함을 잃어서, 그의 대가는 값싼, 인간적인 혜택이다. 그리고 그런 관계가 친구〔비애인〕의 영에 조성하는 노예근성적인 태도는 다들 미덕이라 칭찬하지만, 그 영을 지상에 구천 년 동안 굴러다니게 하며, 의식 없는 자처럼 지하에 이끌어간다.(256*e*-257*a*)

이 문장은 마치 가치전도를 부르짖는 니체를 연상시키리라. 여기서 플라톤은 인간 사회의 도덕이며 예절이 "노예근성적인" 것임을 넌지시 말한다. 이는 미에 "미치지" 않은 자의 세계의 노예성을 뜻한다고 하겠다. 미의 "광기"에 들지 않은 세계가 곧 우리의 평상시의 세계, 미에 눈뜨지 못한 세계, 의식하지 못하는 세계가 아닌가?

(얼른 보기에 플라톤은 여기서 마치 그가 『공화국』에서 내세우는 바, 네 가지 덕목, 즉, 정의, 지혜, 용기, 절제의 이론을 부정하는 듯이 여겨질지 모르겠다.[20] 그렇게 해석하는 것은 옳지 않다. 그가 『공화국』에서 논하는 네 덕목은 이 세상의 (불완전한) 덕의 사본이 아니라 덕의 원본, 즉 이데아로서의 정의, 지혜, 등이다. 그에 의하면, 실상 궁극적으로 선善의 이데아, 최고선을 본 자만이 네 덕목의 이데아에 대한 참된 파악이 가능하다.)

8

플라톤의 에로스의 설화는 미의 세계가 신들의 세계요, 빛의 세계임을 가리켜 준다. 미의 애인은 신의 선물을 받은 자다. 그래서 이 지상에서 신들의 기쁨을 경험한다. 플라톤은 미의 경험을 신의 경험으로 표현하기 위해서 미의 본적을 천상에서 찾았다. 지상의 (육체의) 미는 천상의 미의 사본이다. 아무리 불완전한 사본이라도 원본을 전혀 닮지 않을 수 없으리라. 그들의 상사점이 있다면 그것이 미의 기쁨이며 쾌감이겠다. 그러나 원본의 기쁨은 불사의 영의 기쁨인데 반해서 사본의 기쁨

---

20 『공화국』, IV(427*e*, 433, 435, 441) 참조.

은 죽는 몸의 기쁨이다. 죽는 몸은 의욕충족에서 행복을 찾는다. 그러나 불사의 영은 의욕을 모르며, 천상의 미를 즐길 뿐이다. 그것이 (의욕을 모르는) 신의 행복이다. 이 두 기쁨의 사이에는 문자 그대로 천양지차가 있다. 나는 플라톤의 설화를 심미의 세계가 얼마나 우리의 일상생활의 세계와 다르냐는 것을 보여주는 이야기로 읽는다. 전자는 의식하는 세계, 빛의 세계인데 반해서, 후자는 의식 없는 세계, 회색의 세계다. 의식이 곧 우리 경험의 광원이다. 나는 의식의 영을, 또 신을 찾는다. 그러나 플라톤의 설화에서처럼 영과 신을 몸에서 격리하지 않는다. 내가 말하는 의식은 산 몸의 의식이다. 의식하는 몸이 곧 영이요, 신이다.

제4장

仁의 미

1 플라톤은 『향연』에서 에로스의 최하의 단계인 몸의 사랑, 그 위에 행실이나 제도 관습에 대한 사랑을 둔다.(210*c*) 이 사랑은 인간의 행위나 습성의 미를 즐기는 사랑이어서, 이 대화나 『파이드로스』에 있어서 플라톤의 관심사가 아니다. 그런데 바로 이런 유의 사랑을 인仁과 예禮를 가르치는 공자에게서 찾아 볼 수 있다. 우리는 보통 공자를 인과 예의 윤리를 가르친 성인으로 생각한다. 『논어』는 이 공자관을 지지하고도 남음이 있다. 그러나 우리가 흔히 놓치는 점은 그의 윤리관이 근본적으로 심미적이라는 것이다. 그는 인과 예의 미를 찬양한다. 그래서 인과 예의 생활을 가르친다. 인의 미에 눈뜨지 않는 자는 지혜롭다 할 수 없다. 예의 미를 보지 못하는 자는 예에 밝아도 참 군자가 아니다. 공자의 가르침의 심미적 측면을 파악하기 위해 우선 그가 얼마나 심미적 인간이었는가 하는 것을 엿봄이 좋겠다.

2 공자의 본래의 성향은 실천적이었다기보다 오히려 심미적이었다, 그 사실이 선진편先進篇의 마지막 장에 매우 아름답게 묘사돼 있다. 이 장은 『논어』에서 가장 긴 장으로 알려져

있는데, 서두에서 공자가 시좌하고 있는 네 제자에게, 만일 세상이 저들을 알아준다면 저마다 뭘 하겠느냐고 묻는다. 처음의 두 제자(자로子路, 염유冉有)는 각기 품은 정치적 꿈을 토로하고, 셋째 제자(공서화公西華)는 종묘나 제후의 회합의 의례에서 돕는 역할을 맡고 싶다고 말한다. 끝으로 공자는 증석曾皙에게 묻는다. 석이 그때까지 나지막하게 타고 있던 거문고를 놓고 일어나서는 자기 원은 앞의 세 동료와 다르다고 말한다. 그러면 어떻냐고 하면서 말하라는 스승의 권에 못 이겨 석은 자기의 꿈을 다음과 같이 말한다. "늦은 봄에 봄옷도 이미 마련되면, (성관한) 젊은이 대여섯과 동자 예닐곱을 데리고 기수沂水에 가서 멱감고, 무우대舞雩臺에 올라가 바람을 쐬고 나서, 노래부르며 돌아오리다"[21]라고.

이 얼마나 소박하고도 아름다운 꿈인가? 신선을 꿈꾸는 원 같다. 이 말을 듣고 공자는 감탄하면서 자기는 석과 꿈을 같이 한다고 말한다. 석의 원은 분명히 먼저 말한 제자들의 실천적인 포부와 다르다. 또 그들의 꿈은 세상이 알아서 저들을 써 주는 것을 전제하는데 반하여 증석의 꿈은 자연의 미를 즐기며 거기서 자적自適하자는 꿈임이 틀림없다. 따스한 늦은 봄에 두터운 겨울옷을 벗어버리고 가벼운 봄옷차림을 하고, 젊은이들을 데리고 강가에 가서 멱감고, 언덕에 올라가 바람을 쐬고는

---

21 先進篇 26.

노래 부르며 돌아오는 꿈, 이 꿈은 남이야 알아주거나 말거나 이룰 수 있는 꿈이리라. (과연 공자는 "남이 알아주지 않아도 원망하지 않는" 자를 군자답다고 칭찬하였겠다.[22]) 나는 여기서 특히 증석의 꿈이 다른 제자들의 꿈과 달라서 심미적임을 지적한다. 앞의 셋의 꿈은 세상에서 무엇을 이루려는 포부다. 그들의 세계는 실천적인 세계이다. 그 반면에 증석의 세계는 심미의 세계이다. 그는 자연의 미를 즐기며 그 속에서 사는 꿈을 꾼다. 그것은 세상사에 관여하려는 동료들의 꿈과 다르다. 그들의 꿈을 종사하는 꿈, 즉 생각하는 꿈이라면, 증석의 꿈은 보는 꿈, 의식하는 꿈이라 하겠다. 네 제자들의 꿈 중에서 석의 꿈을 택하는 공자는 분명히 심미적 인간이다.

공자가 극히 음악을 좋아한 것은 『논어』를 읽는 자는 누구나 알리라. 이미 그가 소악을 들은 에피소드를 말했다. 공자는 거문고를 즐겨 탔다. 아마 그는 여행 중에도 그의 거문고와 떨어지지 않았으리라. 『사기史記』에 의하면 그가 한 번은 제자들과 같이 진陳과 채蔡 두 나라 사이의 광야에서 양식마저 떨어져 극심한 곤경에서 헤맨 적이 있다. 그때 제자들은 굶주려 일어서지 못할 지경인데, 공자는 시詩를 읊으며 거문고를 탔다고 사마천史馬遷이 전한다.[23]

---

22 學而篇 1.

23 『史記』, 孔子世家(卷47). 또 衛靈公篇 2 참조.

3 이인편里仁篇에서 공자는 “인仁에 거함을 아름답다 한다. 택해서 인에 처하지 않으면 어찌 지혜롭다 하겠는가?”[24]라고 말한다. “인에 거함을 아름답다 함”은 바로 인의 미에 눈뜸을 뜻하겠다. 그 반면에 스스로 “택해서 인에 처하지 않는다”는 것은 아직 인의 미에 눈이 뜨지 않았음을 말한다. 그는 인의 아름다움을 택하지 않는 자는 지혜의 눈이 뜨지 못했다는 것이다. 학이편學而篇에 다음 문답이 나온다.

> 자공子貢이 말하기를, “가난하되 남에게 아첨하지 않고, 부하되 교만하지 않으면 어떻습니까?”라고.
>
> 스승이 말씀하시기를, “좋다. 그러나 가난하면서도 도道를 즐기고, 부하면서도 예를 좋아함만 못하다”라고.[25]

“도를 즐기고〔낙도樂道〕… 예를 좋아한다〔호례好禮〕”는 것은 역시 도와 예의 미를 본다는 뜻이겠다. 그렇지 않고서 어찌 도를 즐기며 예를 좋아하겠는가?

군자는 인의 미, 도의 미, 그리고 예의 미를 보고 사랑한다.

---

24 里仁篇 1.

25 學而篇 15.

이런 심미감이 없는 자는 아무리 도덕적 계율을 지켜도 실상 참된 군자라 할 수 없다. 공자의 눈에 성인은 무엇보다 가장 아름다운 인간이다. 인의 미의 구현이기 때문이다.

또 한 군데서 공자는 "다들 '예절, 예절' 하지만 예가 옥과 비단을 말하겠는가? 또 '음악, 음악' 하지만 음악이 종과 북을 말하겠는가"[26]하고 한탄한다. "옥과 비단"은 두말할 것 없이 예의 형식을 말한다. 예에 알맞은 마음가짐 즉 그런 의식意識이 따르지 않는다면 아무리 예가 갖추어졌기로 무의미하다는 것이다. 예의 미를 즐기는 마음이 동반하지 않는 예는 오히려 거추장스런 절차이기만 하다. "종과 북"은 악기를 가리킨다. 원래 고대중국에 있어서 "악樂"이라면 무용도 포함하는 것이어서, 특히 조정에서 의식이나 행사에 연주되게 마련이었다. 공자는 그런 음악의 미를 찬양하였다. (그가 제齊에서 들은 소악이 바로 그런 음악이다.) 그 반면에 그는 당시에 유행하던 정 나라의 노래(정성鄭聲)를 음탕스럽다고 몹시 비판하였다.[27] 공자는 그저 들리는 음률이 쾌감을 준다고 해서 그것을 음악이라 할 수 있겠느냐는 것이다. 그것은 단순히 동물적 감각을 자극할 뿐이지 심미적 기쁨을 자아내지 못한다는 뜻이다. 그는 이 발언에서 분명히 유흥의 즐거움과 심미적 즐거움을 구별한다. 심미 경험의 핵심이 미의 의식에서 오는 기쁨이라면, 유흥의 목적은 그

26 陽貨篇 11.

27 衛靈公篇 10; 陽貨篇 14 참조.

수단방법을 불문하고 결과적으로 쾌감을 가져오는 일이다. 이 쾌감은 순전히 생리적인 자극에서도 올 수 있겠지만, 또 운동 경기를 관람하거나 만담가의 익살을 들음으로써도 경험할 수 있는 즐거움이다. 그러나 거기에는 미의 의식이 없다.

4 공자의 가르침에 있어서 인이 그의 중심개념인 데 대해 이론이 없다. 하지만 그 인의 뜻에 대해서는 의견이 분분하다. 나는 『논어』에 나오는 "인"을 "사람다움"의 뜻으로 읽는다. 따라서 "불인不仁"은 "사람답지 않다" "짐승과 같다"는 뜻이 된다. 그러면 어떤 의미에서 사람은 짐승들과 달라 참으로 "사람답다" 할 수 있는가? 여기서 이 큰 토픽을 다룰 수는 없다.[28] 결론적으로 말하면 공자는 "사람다움"을 인간의 정신성 혹은 의식에서 찾는다고 본다. 앞에서 "다들 '예절, 예절' 하지만 예가 옥과 비단을 말하겠는가? 또 '음악, 음악' 하지만 음악이 종과 북을 말하겠는가"하는 공자의 말을 들었는데 그의 주장은 예를 지켜도 공경심을 결하거나, 혹은 음악을 들어도 심미적 의식을 결할 때, 그것은 무의미하다는 것이다. 혹시 보거나 듣는 것이 지각적으로 어떤 쾌감을 줄지 모른다. 그러나 그것은 참된 예라 할 수 없고 음악이라 할 수 없다. 참된 예나 음악은

[28] 부록 〔3〕 참조.

"사람다운" 경험의 내용을 가져야 하기 때문이다. 공자와 자공의 대담도 같은 뜻으로 해석하겠다. 낙도한다는 것 혹은 호례한다는 것은 정신적인 미에 깬 사람만이 할 수 있는 일이 아닐 수 없다. 도나 예의 미를 보지 못하는 자가 어찌 도를, 예를 즐기며 좋아 하겠는가? 물론 도는 사람만이 인식할 수 있는 것이다. 또 예의 관념도 사람만이 파악할 수 있다.

어떻게 보면 공자와 플라톤의 인간관이 아주 정반대로 보일지 모른다. 공자는 인간의 "사람됨"을 동물적인 것에 비하여 긍정하는가 하면, 플라톤은 실존하는 인간을 천상의 (날개 잃기 전의) 영에 비해 부정한다. 하지만 그들이 인간의 영적 내지 의식적 면을 인간이 가질 수 있는 가장 소중한 것으로 인정함에 있어서는 같다고 할 수 있다. 플라톤은 그것을 형이상의 관점에서, 공자는 그것을 형이하의 관점에서 표현했을 뿐이다. 전자는 인간의 영적 존재를 천상의 신들과 대조하는데 반해서 후자는 땅 위의 짐승들과 대조했다.

5

공자의 제자 교육의 목적은 인의 미를 사랑하는 군자 양성이었다. 그래서 그는 제자들에게 인의 미에 대한 감수성을 일깨우는 데에 힘썼다. 그가 교수과목에 시(『시경詩經』)를 포함한 것은 무엇보다 그런 이유였다. 인간적인 미에 대한 감성 없이는 군자로서 예악을 즐겨 실천할 수 없다. 양화편陽貨篇에서 공자는 제자들에게 타이르기를 "소자들이여, 어찌하여 시를 공부하지 않는가? 시는 〔정을〕 일으킨다"[29]라고 말한다. 원문에는 "시는 일으킨다" 로만 돼 있다. 일으키는 것이 무엇인가? 그것이 바로 인간다운 미의 감수성이라고 해석한다. 진항陳亢이 백어伯魚에게 혹시 그가 부친에게서 특별히 들은 말씀이 없느냐고 묻는다. 백어는 그의 답에서, 아버지가 하루는 "시를 공부하느냐" 고 묻기에 "아직 안 합니다"라고 대답하였더니 그는 "시를 공부 아니 하고는 〔남과 더불어〕 할 말이 없다"[30]고 일렀다고 보고한다. "할 말이 없다"는 것은 무슨 뜻인가? 사람다운 감정이나 정서의 언어를 뜻한다고 읽는다. 공자는 시에서 인의 미의 세계를 발견한다. 그래서 "삼백 편의 시를 한 마디로 덮어 말한다면, '사무사思無邪'다"[31]라 말한다. "사무사"란 사심邪心 없음이다. 그것이 곧 아름다운 인의 세계가 아니겠는가? "무사"는 꼭 도덕 윤리적으로 해석하지 않고 오히려 미적으로 해석함이 옳겠다. 팔일편八佾篇에서 공자는 『시경』의 첫 가요, "관관저구關關雎鳩"를 평하여 "즐겁되 난잡스럽지 않고, 슬프되 애통스럽지 않다"[32]라고 한다. 이것은 심미적인 발언이다. 말하자면

---

29 陽貨篇 9.

30 季氏篇 13.

31 爲政篇 2.

32 八佾篇 20.

시평詩評이다.[33] 공자는 이 시에서 미의 세계의 즐거움과 슬픔을 경험하지 않는가?

6 태백편泰伯篇에서 공자는 "시에 일어나고, 예에 서고, 음악에 이룬다"[34]고 말한다. "시에 일어나는" 것은 인의 아름다움에 대한 감수성이다. 이 감수성 없이 도를 즐기고 예를 좋아하는 생은 불가능하다. "예에 선다"는 것은 군자는 예를 배워 그것을 이행함으로써 비로소 인간사회의 일원으로 선다는 뜻이겠다. 인간 사회는 동물사회와 달라 예의 사회다. 그러니 예의 사회를 제하고는 군자가 설 자리가 없다. 군자는 예의 생활에 인의 미의 발현을 본다.

"음악에 이룬다"는 것은 무슨 뜻인가? 이 구를 흔히 윤리적인 뜻으로 읽지만, 나는 단순히 음악이 주는 심미적 기쁨에 비추어 해석한다. 공자가 소악을 듣고 석 달 동안 고기 맛을 잊었

---

33 베토벤 연구에 저명한 메이너드 솔로몬(Maynard Solomon)은 그의 최근 저작에서 베토벤의 "디아벨리 변주곡"에 대해 평하면서, 특히 그 중 끝 부분의 배리에이션에 관해 다음과 같이 쓴다. "이 변주곡은 〔이 배리에이션에서〕 가장 내적인 감정의 핵심에 달하여 멜랑콜릭한 가락으로 흘러넘치지만, 거기에는 아무 의기 소침의 기미도 없다〔'Having reached the innermost core of feeling, the music overflows with songful melancholia, but without any trace of despondency'〕." *Late Beethoven*(2003), p. 197. 이 문장은 틀림없이 "슬프되 애통스럽지 않다"는 공자의 표현과 흡사하다. "의기소침의 기미"가 없는 "멜랑콜리아"나 "애통스러움"이 없는 "슬픔"은 똑같이 심미적인 경험이 아닐 수 없다. 이 사실은 공자와 솔로몬의 문화 전통의 거리와 또 그들의 심미대상(하나는 고대중국의 시, 하나는 베토벤의 음악)의 차이를 고려할 때 더욱 뜻깊다.

34 泰伯篇 8.

다는 이야기는 그가 그 음악을 들었을 때와 그 후의 경험에 대해 암시하는 바가 많다. 베런선은 시각 예술에서 경험하는 심미적 순간을 관람자와 대상이 하나가 되는 신비적 순간이라 묘사하면서, 그 순간 "관람자는 하나의 의식에 사로잡힌다"고 말했다. 소악을 듣는 공자의 경험 역시 그 음악과 하나되는 심미적 경험이었겠다. 또 이 에피소드는 베바카난다의 삼매경의 경험담을 연상시킨다. 그는 그 경험 후 한동안 모든 것이 부라만으로 나타났다고 말한다. 그도 먹는 것의 맛을 잊지 않았을까? 공자는 음악이 갖다주는 무한한 환희 혹은 완성감을 경험했으리라. 여기서 공자가 "음악에 이룬다"고 선언하는 것은 그런 미적 완성감의 경험에서 하는 말이라고 나는 해석한다. 그렇게 읽는 것이 특히 음악에 대한 공자의 지극한 감수성을 고려할 때 이해가 잘 갈 것이다. 공자가 유독 음악에서 겪는 미적 경험에서 군자의 생의 완성을 찾는다는 사실에서 우리는 다시금 그의 심미적 군자관을 엿보겠다.

공자는 술이편述而篇에서 "〔군자는〕 도道에 뜻하고, 덕德에 의거하고, 인仁에 의지하고, 예藝에 노닌다"[35]라고 말한다. 이 발언은 군자의 생활을 요약하는 발언으로 읽을 수 있다. 그 말에서 도와 덕과 인과 더불어 예藝를 말하는 것은 그가 인간생활을 단순히 윤리적 관점에서 보지 않고 있음을 보여준다. 예藝란

[35] 述而篇 6.

기예技藝를 가리키는데[36] 그가 『논어』에서 주로 예禮와 악樂에 관해 말하는 것을 보아서, "예에 노닌다"는 구를 특히 예악을 즐김을 뜻한다고 읽겠다. 예악을 결한 생, 즉 심미적 즐거움이 없는 생은 불완전한 생이다. "음악에 이룬다"는 구를 이 술이편의 글에 비추어 읽을 때 그 뜻이 명료해지리라.

7

공자의 예관禮觀에 비추어 공자와 플라톤의 근본적 차이를 한두 가지 지적하겠다. 예는 공자 윤리의 틀이다. 아마 어느 사회에서나 예의 관념이 있으리라. 공자에게 있어서 예는 "사람답게" 사는 길이다. 인도人道다. 그런데 이 인도는 그 사회의 전통을 떠나 있을 수 없다. 그 전통의 규율을 거스르는 것은 단순히 전통에서 벗어나는 것이 아니라 동시에 사람의 길을 어기는 것이다. 공자가 가르치는 예의 생활이란 반드시 사회라는 공동체 속에서만 이루어질 수 있다. 혼자서 실천하는 예의 생활이란 상상할 수 없다. 혼례라든가, 장례와 같은 인생의 중한 행사에서뿐만 아니라 아침저녁으로 교환하는 몇 마디 인사에서도, 그것이 가능하려면 참여자들의 상호협조가 필요하다. 한 사람이라도 예의에 어긋나는 경우에 어떻게 엄숙하게 장례나 제사를 치르며 또 경사의 의식을 순조롭게 진행시킬 수 있을까?

36 주석자들이 재래로 여기 나오는 "藝"를 六藝(禮樂射御書數)로 해석하는데, 아마 六藝는 유교의 확립을 본 漢代 후에 나온 개념이었으리라.

이는 합창이나 교향악의 연주의 경우와 흡사하다. 또 상대방이 예를 어기는데 어떻게 서로 인사를 교환할 수 있을까? 공자의 예의 윤리는 사회 공동체와 그 전통 밖에서는 상상할 수 없다. 이와 반대로 플라톤의 윤리는 전통적인 공동체를 전제하지 않는다. 개인이 세 부분의 영의 조화로운 생활을 함으로써 도덕적으로 완성을 볼 수 있다. 공자의 윤리를 공동체의 윤리라 한다면, 플라톤의 윤리는 개인의 윤리라 하겠다. (플라톤은『공화국』에서 사회의 존재는 영의 존재를 대문자로 쓴 것에 불과하다고 말한다.[37])

『논어』에서 공자는 인과 예와 더불어 지智, 의義, 용勇을 군자의 미덕으로 가르친다. 이 세 덕목은 표면상 플라톤의 덕목과 흡사하다. (플라톤은 이 셋 외에 절제의 덕을 가르친다.) 하지만 공자에게 있어서 세 덕목이 다 예의 틀을 전제한다. 그 점에서 플라톤의 덕목과 근본적으로 다르다. 공자에게 있어서는 (추상적인) 이데아로서의 지혜나, 의로움이나 용기란 무의미하다.

8

공자의 윤리관이 그의 인의 미에 근거한 이상, 그것을

37 플라톤은『공화국』에서 정의의 개념을 설명하면서 정의의 사회는 정의의 인간과 같다고 말한다. 다만 전자의 경우에는 정의의 미덕이 후자의 경우보다 더 큰 문자로 쓰여서 판독하기 쉬울 뿐이라고 말한다. (368*d*; 435 참조)

심미적 윤리관이라 하겠다. 이는 이상주의의 형이상학에 근거한 플라톤의 윤리관과 근본적으로 다르다. 동시에 종교적 전통에 뿌리를 둔 기독교나 이슬람교나 불교의 도덕관과도 다르다. 이처럼 공자의 윤리관은 형이상학이나 종교의 뒷받침을 갖지 않는다. 고대 중국 사회는 천天을 우주 만물의 주재자로 믿었다. 그러나 공자는 사람의 길을 가르쳤지, 천의 길을 가르치지 않았다. (자공은 스승이 천도天道에 대해 말하는 것을 들어본 적이 없었다고 보고한다.[38]) 그가 그의 윤리를 인의 미에 근거시키고 그 원천을 천의 뜻에 두지 않은 것은 주목할 일이다.

실제로 어느 사회에서나 일반 대중들이 그 사회의 도덕률을 준수하는 이유는 습관적이다. 보통 그들은 그들이 사는 문화의 생활양식에 따라 거의 무의식적으로 도덕률을 추종한다. 혹 의식한다면 그 의식은 주로 의무감이겠다. 따라서 그들의 도덕관에 심미적인 면을 찾기 힘들다. 도덕적 행위에 심미적 의식이 없다는 말이다. 공자는 그의 군자교육에서 바로 이 심미적 의식을 양성하려 하였다. 그는 옹야편雍也篇에서 한 제자〔자하子夏〕에게 "소인유小人儒"가 되지 말고 "군자유君子儒"가 되라고 가르친다.[39] 군자유나 소인유나 둘 다 유생이라는 뜻에서는 다를 것이 없다. 똑같이 사람의 도리와 사회의 예의를 배워 실천하는 데 있어서 마찬가지다. 그 차이는 전자는 예를 지킴에 있

---

[38] 公冶長篇 13.

[39] 雍也篇 13.

어서 심미 의식이 있는데 반해서 후자는 그것을 결하는 데 있다.[40]

칸트는 도덕적 의무의 보편성과 객관성을 순수실천이성에 근거시킨다. 그것이 얼마나 공자의 심미적 도덕관과 다른가? 엄밀히 말하면 칸트에 있어서는 순수이성의 절대적인 지상명령의 의식 없이는 도덕적 행위는 불가능하다. 이 조건을 강조하는 나머지, 그는 개인의 도덕행위의 동기의 순수성에 대해 본인 자신도 확신하기 힘듦을 지적하였다. 그래서 그는 "참된 도덕이 실제로 이 세상에서 발견될까" 하고 의심하기까지 하였다.[41] 심미적인 근거로 예를 지키는 자도 그와 같은 극도의 회의에 빠질까?

9

이 때까지 논한 공자의 윤리관은 『논어』에 기록된 그의 발언에 근거한 것이다. 그것은 오늘날 유교의 이름으로 알려진 그의 가르침과는 성질이 근본적으로 다르다. 이천 년을 넘는 유교 전통에서 그의 군자관의 심미적 면은 찾아볼 수 없다. 이 사실을 감안할 때, 혹자는 심미적 도덕관이란 관념 자체

---

40 공자의 윤리관을 말하는 것은 물론 지금 우리가 알고 있는 유교 전통의 윤리관과는 큰 차이가 있다. 그 전통에서 보는 유생이란 대부분 군자유라기보다 소인유라 하는 것이 사실에 가까우리라.

41 I. Kant, *Grundlegung zur Metaphysik der Sitten*(*Kants Gesammelte Schriften*, IV), Zweiter Abschnitt, p. 407.

에 의아심을 가질지 모른다. 특히 심미적 예의 관념 위에 도덕사회를 실제로 세운다는 것은 한낱 꿈으로 여겨질지 모른다. 어떻게 일반 대중들이 심미적 태도로 그들 사회의 예의범절을 지키는 것을 기대할 수 있을까?

1966년에 문화인류학자 클리포드 기어쯔(Clifford Geertz) 교수가 발리(Bali) 사회에 관한 연구논문을 발표하였다. 그는 그 후 1972년에 발표한 발리의 닭싸움에 관한 논문으로 넓게 알려져 있는데, 1966년의 논문에서 발리 사회의 생활이 근본적으로 의식주의적儀式主義的이고 심미적이라는 것을 보여준다. 나는 발리 사회에서 심미적 도덕사회의 실례를 찾아본다. 기어쯔 교수는 단적으로 말한다. "여기서 도덕은 결과적으로 근본에 있어서 심미적이다(morality here is consequently aesthetic at base)."[42] 물론 발리는 이른바 유교문화권에서 멀리 떨어진 사회다. 하지만 그들의 생활양식이 공자의 예관의 실현성을 알려준다고 본다. 기어쯔는 "발리인들의 사회적 관계는 동시에 엄숙한 유희며 또 잘 실습한 드라마다"라고 주장한다. 그리고 그는 계속한다.

> 이 사실은 그들의 의식과 (같은 말이지만) 예술적 생활에 가장 분명히 드러난다. 그 생활의 대부분은 실상 그들의 사

---

42 Clifford Geertz, *The Interpreetation of Cultures*(1973), Ch. 14, "Person, Time, and Conduct in Bali," p. 400.

회생활의 초상이며 또 틀에 지나지 않는다. 그들의 일상생활은 매우 의식적儀式的이고 또 그들의 종교적 행위가 매우 공민적公民的이어서 그 하나가 어디서 끝나고 다른 것이 어디서 시작하는지 분간하기 힘들며, 둘 다 마땅히 발리의 가장 유명한 문화적 속성인 바 발리인의 예술적 재질(artistic genius)이다. 정교한 사원의 패전트며, 과장적인 오페라며, 곡예에 가까운 발레며, 과시하는 그림자놀이며, 완곡한 말씨며, 사과하는 듯한 제스추어이며, 이런 모든 것이 다 같은 유다. 예의는 일종의 춤이며, 춤은 일종의 의식(ritual)이며, 예배는 한 형식의 예의다. 예술, 종교, 그리고 예의바름이 다 사물의 외적인 면과, 꾸민 면과, 짜낸 외관을 숭상하는 일이다.…

발리인들의 대인관계의 꾸밈을 차리는 주형과 의례, 기교, 예의의 융해는 이리하여 그들의 특수한 낙인의 사회성의 가장 근본적이면서 또 가장 독특한 성질, 즉 그들의 극도의 심미주의(radical aestheticism)의 파악을 가능하게 한다. 사회적 행위, 모든 사회적 행위는 무엇보다 먼저 기쁘게 하는 일, 즉 신들을 기쁘게 하고, 청중을 기쁘게 하고, 남을 기쁘게 하고, 자신을 기쁘게 하는 일이다. 그러되 덕(virtue)으로써가 아니라 미(beauty)로써 기쁘게 하는 일이다. 예의바른 행위란, 마치 사원의 공양이나 가멜란 연주회처럼, 예술 작품이어서, 그 자체가 강직함(혹은 우리가 강직함이라 부를 성질)이 아니라 오히려 감수성(sensibility)을 증명하는 것이며, 또 증명하기를 의도하는 것이다.

이런 사실로 해서, 일상생활이 현저히 의식적(ceremonious)이라는 사실, 이 의식성이 공공의 형식과 더불어 진지하고 용의주도하기까지 한 종류의 유희의 형식을 갖는다는 사실, 그리하여 종교, 예술, 예의가 다만 사물의 꾸며진 외관에서 그들이 느끼는 바 전반적인 문화적 매혹(cultural fascination)이 다른 방향으로 표현된 데에 불과하다는 사실, 그리고 여기서 도덕이 결과적으로 근본에 있어서 심미적이라는 사실－이런 사실로 해서 발리인들의 생활의 정서적 음조 중 가장 현저한 (그리고 가장 많이 지적된 바) 특색의 두 가지를 더욱 정확히 이해할 수 있다. 하나는 대인관계에 있어서 "수치"라고 (잘못) 불려온 바 감정의 중요성이고, 또 하나는 "클라이맥스의 결여"라고 (예리하게) 불려온 바, 뚜렷한 목표 성취에 달하기 위한 (종교적, 예술적, 정치적, 경제적인) 전체적 행위의 실패다….[43]

---

[43] 같은 책, pp. 400-401.

기어쯔는 발리인들의 사회적 행위가 모두 심미적으로 "기쁘게 하는 일"이라는 뜻에서, 그들의 생활양식을 "극도의 심미주의"라 부른다. 그들의 도덕 생활 역시 이 심미주의의 표현이다. 발리인들이 예의를 지키는 것은 무슨 의무감이라든가 혹은 사회적 압력 때문이 아니라, 단지 "신들을 기쁘게 하고, 청중을 기쁘게 하고, 남을 기쁘게 하고, 자신을 기쁘게 하는 일"이라는 것이다. 기어쯔 교수는 그들의 "기쁘게 하는" 개념의 심미성을 강조하기 위해서 그들은 "덕이 아니라 미로써 기쁘게 한다"고 덧붙인다. 그의 뜻은 분명하다. 하지만 이 말은 마치 발리인들이 덕과 미를 분리하듯이 들릴 수 있다. 그들의 심미적 도덕관은 바로 그들이 덕의 미를 보는 데 있지 않는가? 그들은 덕의 미로써 신을 기쁘게 하고, 남을 기쁘게 하고 자신을 기쁘게 한다. 특히 "자신을 기쁘게 한다"는 말은 행위하는 자의 심미성을 잘 표시한다. 덕행에 본인이 스스로 기쁨을 느끼지 못한다면 그것이 어떻게 심미적인 행위이겠는가?

덕행에 스스로 기뻐하는 자가 바로 공자의 심미적인 군자다. 그러므로 그의 군자를 심미적인 사회생활을 하는 발리인에 비할 수 있겠다. 물론 이는 발리인들이 다 군자님들이시라는 말이 아니다. 그러나 그들의 심미 생활을 통하여 공자의 심미적 예의 사회의 가능성을 볼 수 없을까?

제5장

美의 창조

1

이 때까지 미를 주로 보는 입장에서 논하였는데, 이제 그것을 창조하는 입장에서 고려하려 한다. 그림을 그린다, 작곡한다, 혹은 시나 소설을 쓴다-이런 일은 틀림없이 미를 창조하는 일이다. 만드는 일이다. 그것은 작품을 감상하는 일과 분명히 다르다. 단순히 보는 일이 아니라 종사하는 일이다. 이 점에서 미의 창조 역시 일상생활의 여러 가지 창조 작업과 다르지 않다. 창조한다는 것은 무엇을 구체화하는 일이다. 미란 추상적인 개념이다. 그것을 화가는 접시에 든 과일을 그림으로써 구현한다. 시인은 애인을 잃은 슬픔을 노래함으로써 표현한다.

미의 창조 작업에는 미의 의식이 수반된다. 돌로 무엇을 만든다는 면에서 석상을 만드는 조각가나 맷돌을 만드는 석수는 다르지 않다. 똑같이 창조 작업에 종사한다. 하지만 석수의 경우와 달리 조각가의 경우에는 심미의식이 그의 작업 과정을 주도한다. 아마 석수치고 전혀 심미의식 없이 일하는 사람은 거의 없으리라. 그러나 그의 작업을 주도하는 것은 궁극에 있어서 창조물의 용도나 혹은 그것의 청사진이겠다. 가령 한 조각가가 돌로 여래좌상을 만든다고 하자. 아마 그에게 어떤 플랜이 있다 하더라도, 만일 그의 창조 과정에 있어서 그 플랜의 수행이 그의 미의 의식을 거스르는 경우에는 그 플랜 자체를 변경하거나 파기하기를 주저하지 않을 것이다. 그 반면에 맷돌을 만드는 석장의 경우에는 심미적 면은 기껏해야 부차적인 관심사일 것이다.

2 수 년 전에 엘레인 스캐리(Elaine Scarry) 교수가 『미에 대해서』(*On Beauty*)라는 조촐한 책자를 저술했다. 그 책 서두에서 교수는 다음과 같이 쓴다.

> 아름다운 소년이나 꽃이나 혹은 새의 모습이 눈에 들어오는 순간 보고 느끼는 경험은 무엇인가? 그것은 모사하는 행위를 자극하는, 심지어 요구하는 일인 성싶다. 빗겐슈타인은 눈이 아름다운 것을 볼 때, 손이 그것을 그리려 한다고 말한다.[44]

아름다운 대상을 "모사"하려는 의욕을 스캐리는 "낳으려는 충동(impulse toward begetting)"이라고 부른다. 미를 창조하려는 의욕이다. 이 의욕이 바로 모든 예술가들이 느끼는 충동이 아니겠는가? 작가들이 다 미를 "낳으려는 충동"에서 작품을 쓴다고는 못하리라. (어떤 작가는 사회의 불의를 폭로하기 위해, 어

44 Elaine Scarry, *On Beauty*(1999), p. 3.

떤 작가는 인간의 성 심리를 묘사하기 위해 소설을 쓴다.) 그렇지만 그들이 문학작품을 창작하는 한에 있어서 거기에 미를 "낳으려는 충동"이 있음은 부정 못하겠다. 그런 충동이 없이 어찌 표현이라든가 구상이라든가 혹은 스타일과 같은 심미면에 마음을 쓰겠는가? 문장 하나를 닦아도 그 과정에는 틀림없이 미의 의식이 들어있다.

3 흔히들 창조를 독창獨創과 혼돈하는 경향이 있다. 그런 혼돈 때문에, 스캐리 교수가 미의 대상을 "모사하려는" 의욕을 "낳으려는 충동"이라 하는 데 대해 이의가 있을 수 있겠다. 이것은 잘못이나. 창조는 없던 것을 있게 하는 일이다. 낳는 일이다. 그러나 낳은 것이 꼭 독창적인 것이어야 한다는 법은 없다. 무엇을 "모사"한다. 그 작업의 결과로 없던 것이 있게 되는 것은 부정할 수 없지 않는가? 누가 마티스의 오달리스크의 그림 하나를 모방해 그린다 하자. 잘 됐건 못 됐건 그 결과는 그의 오달리스크의 그림이다. 새 존재다. 스캐리는 말한다.

> 베록키오가 그린 아름다운 얼굴이 레오나르도〔다 빈치〕라는 소년의 시야에 사르르 흘러들어온다. 소년은 그 얼굴을 모사한다. 그리고 그 얼굴을 다시 모사한다. 그리고 또 하고,

또 하고, 또 한다. 소년은 아름다운 산 화초—한 송이 제비꽃, 한 송이 들장미—혹은 산 얼굴이 그의 시계에 사르르 흘러 들어올 때 같은 일을 한다. 그는 첫째 카피를 만든다. 그리고 둘째 카피를, 셋째 카피를, 넷째 카피를, 다섯째 카피를. 그는 그것을 두고두고 그린다….[45]

아마 모사품에는 독창성이 없다는 근거로 예술작품이 아니라 말할 수 있겠다. 하지만 이 소년처럼 대상을 제 손으로 그리는 작업에 (아무리 사실적이라 해도) 단순히 기교가 아니라 어떤 독창성이 있다고 볼 수 없을까? (그의 모사는 복제기의 모사와 다르다.) 혹시 그런 작업에 전혀 독창성이 없다 하더라도, 거기에 미의 창조 작업이 있음은 부정 못한다. 그 작업이 미를 "낳는다." 낳은 아기가 누구를 닮았다는 이유로 아이 낳은 사실을 부정할 수는 없다.

4

나는 미를 "낳으려는 충동"을 (독창성을 중시하는) 예술이나 문학 작품의 창조 과정에 한하지 않고, 그 밖의 다른 인간 행위에서도 발견한다. 특히 심미적 도덕 행위에서도 찾는다. 기어쯔의 발리인들은 그들의 사회생활에서 미를 "낳으려" 한

---

[45] 같은 곳.

다. 미를 창조하려 한다. 이런 면에서 그들은 예술인이나 문학인과 별로 다르지 않다. 사실 기어쯔는 그들의 사회생활에 "예술적 재질(artistic genius)"을 인정한다. 도덕률이나 예의범절을 심미적인 의식을 갖고 준수하는 것은 그 행위를 통해서 미를 실현하자는 것이다. 그것은 한 폭의 그림을 그려서 미를 실현하려는 화가의 의욕과 성질이 근본적으로 같다.

공자는 예악의 즐거움이 없는 생활은 불완전하다고 한다. 앞의 장에서 이 즐거움을 주로 미를 보는 관점에서 다루었다. 그런데 그것을 또 미를 창조하는 관점에서 볼 수 있겠다. 군자의 눈에 예의 행위는 보기에 아름답고 음악은 듣기에 아름답다. 그러므로 그는 미를 "낳으려" 한다. 예악의 미를 창조하려는 의욕이다. 그는 예악의 생활에서 미를 "낳는" 기쁨을 경험한다. 이것이 군자의 예악에 종사하는 즐거움이다. 공자는 계씨편季氏篇에서 세 가지 낙樂을 말하면서, 첫째로 "예악禮樂을 바로 즐기는" 기쁨, 둘째로 "남의 선함을 말하는" 기쁨, 그리고 셋째로 "많은 어진 벗을 가지는" 기쁨을 든다.[46]

공자는 예를 가르쳤을 뿐만 아니라 예의 실천자였다. 『논어』에는 그가 처지와 때에 따라 예를 실행하는 이야기가 허다하다. 또 그는 음악 듣기를 즐겼을 뿐 아니라 노래도 부르고 악기도 연주했다. 이미 그가 거문고를 즐겨 탄 이야기를 언급했

[46] 季氏篇 5. 나는 "예악을 바로 즐긴다"는 구를 특히 예악을 절도에 맞추어 실행한다는 뜻으로 읽는다.

다. 헌문편憲問篇에는 그가 객지에서 유숙하면서 경쇠(타악기)를 치는 이야기가 나온다.[47] 또 술이편述而篇에는 그가 남과 같이 노래하면서 남이 잘 부르면, 꼭 그와 같이 반복했다는 이야기가 기록돼 있다. 이런 에피소드는 공자가 미의 감상자에 그치지 않고, 소년 레오나르도와 같이 미의 창조자였음을 보여준다.

5 미를 "낳으려는" 의욕과 미를 "보려는" 의욕은 다르다. 전자는 후자와 달리 단순히 보려는 의욕이 아니고 (창작에) 종사하려는 의욕이니 말이다. 이 차이는 아마 누구나 시인하리라. 플라톤의 에로스 설화는 미의 창조라기보다 오히려 미의 경험을 희구하는 의욕의 이야기로 읽겠다. 여기서 혹자는 이 두 가지 의욕의 관계에 대해 이론적인 질문을 던질지 모른다. 미를 창조하려는 의욕은 미를 경험하려는 의욕에서 (즉, 미에 "미친" 데서) 오는 것인가? 또 미를 "낳으려는" 의욕은 궁극적으로 미를 "보는" 즐거움 때문인가?

미의 즐거움을 의식하는 자가 심미 경험을 갈구하는 것은 자연이다. (즐거움과 의욕의 관계에 논리적 필연을 찾을 수 있으리라.) 그 반면에, 예컨대 음악 애호가가 (무슨 이유로든지) 모두 작곡하거나 혹은 좋아하는 곡을 연주하려는 의욕을 갖지

---

47 憲問篇 41.

않는 것은 사실이다. 그런 면에서 미의 즐거움이 반드시 미를 "낳으려는" 의욕을 가져온다고는 말할 수 없겠다. 이는 심미 경험에의 욕구가 반드시 미의 창조에의 의욕을 수반하지 않음을 뜻한다. 하지만 미의 창조자에게 심미 경험에 대한 욕구가 없을 수 없다. 미의 창조는 심미 의식 없이는 불가능하니 말이다. 그는 미의 즐거움을 의식한다. 따라서 미의 경험을 희구한다. 나는 여기서 미를 "낳으려는" 욕구는 미를 즐기려는 욕구를 전제함을 지적한다.

6 미의 창조자는 그의 작업에서 만족감을 느낀다. 미를 창조하는 즐거움이나. 만드는 일은 보는 일이 아니라 종사하는 일이다. 따라서 미를 "낳는" 기쁨은 미를 "보는" 기쁨과 같을 수 없다. 이는 미의 창조 작업 자체가 심미 경험이 아님을 말한다. 소년 레오나르도가 베록키오의 아름다운 그림을 모사하고 또 모사한다. 그는 거기서 어떤 즐거움을 느낀다. 그것은 무슨 즐거움인가? 그것이 바로 심미의 즐거움일 수 없다. "낳는" 것은 "보는" 일이 아니니 말이다. 그러면 그것을 스캐리의 용어를 빌려서, 미를 "낳으려는 충동"의 충족이라 할까?

앞에서 여래상을 만드는 조각가와 맷돌을 만드는 석수를 대조했다. 석수도 작업의 진행 중에 그의 계획의 실현화에서 오는 어떤 만족감을 느낀다고 하자. 그럴 때 조각가나 석장의 만족감에 근본적인 차이는 없으리라. 똑 같이 의욕 충족에서 오는 만족감이다. 조각가의 기쁨도 석장의 기쁨과 같이 만드는 기쁨이지 보는 기쁨이 아니다. 둘 다 계획의 실현 과정에서 오는 만족감이다. "낳는" 기쁨이다. 창조에 종사하는 기쁨이다. 하지만 주목할 것은 하나는 "아름다운" 무엇을 "낳는" 기쁨인데 반해서, 하나는 그렇지 않다는 사실이다. 조각가가 뜻하는 것은 심미적 작품인데 반해서, 석장이 뜻하는 것은 실용적인 물건이다. (이는 석수가 그의 창조과정에 있어서 전혀 미적 의식을 결한다는 말이 아니다. 실상, 그가 완성한 맷돌이 심미적으로 걸작일 수 있다. 그런 가능성을 부정하는 것이 아니다. 그러나 그의 맷돌 제작의 목적은 어디까지나 실용적인 것이다. 그 목적이 그의 창조 작업을 이끈다.)

7 미의 창조 작업이 (창조에) 종사하는 일이니 만큼 거기에 생각하는 마음의 작용이 들어 있다. 앞에서 미의 창조 과정은 심미 의식이 주도한다고 지적했다. 이는 그 과정에 있어서 보는 눈(마음)의 역할이 있음을 말한다. 그러나 이 사실은 거기에 생각하는 마음의 역할을 부정하는 것이 아니다. 마음은 보면 생각 안 하고, 생각하면 보지 않는다고 주장해 왔다. 그러

면 어떻게 미의 창조 과정에 마음이 보기도 하고 생각하기도 하는가? 얼른 보기에 거기에 이론적인 모순이 있는 듯 보이겠다. 여기서 주의할 것은 창조란 단순한 일시적인 작업이 아니라 복잡한 과정이라는 사실이다. 그 과정에 있어서 두뇌가 한 때는 생각하고 한 때는 볼 수 있지 않는가? 어떻게 이것이 가능한가 하는 것은 두뇌의 작용에 관한 물음이다. 따라서 신경과학자들의 설명을 기다리는 수밖에 없다.

그러면 어떤 의미에서 생각하는 마음이 미의 창조 과정에 참여하는가? 칸트는 인간의 의욕기능(Begehrungsvermögen)을 다음과 같이 정의한다. "의욕기능은 그 기능의 표상(Vorstellungen)을 통하여 그 표상의 대상의 실현을 가져오게 하는 기능이다"라고.[48] 이는 의욕함은 반드시 어떤 표상을 동반한다는 말이 된다. 미의 창조 과정에 동반되는 표상은 무엇인가? "Vorstellung(표상表象)"은 영어로 보통 "representation"이나 "idea"로 번역되는데, 여기서는 머릿속에 떠오르는 심상心象을 가리킨다고 읽겠다. 조각가가 머릿속에 그리는 "여래좌상"이나 석수가 머릿속에 그리는 "맷돌"이 바로 심상의 예이다. 여기서 유의할 것은 보통 심상이라면 일상 언어의 개념에서 오는 것인데, 미의 창조 과정에 (특히 독창적인) 창조자가 그리는 심상은 일상 개념보

48 I. Kant, *Kritik der praktischen Vernunft*(*Kants Gesammelte Schriften*, V), p. 9n. 이 정의는 어떻게 보면 인간의 창조 의욕의 정의로 들린다. 이 주에서 칸트는 바로 이어 "즐거움(Lust)은 대상이나 행위가 삶의 주관적 조건에 일치함의 표상이다"라고 정의한다.

다 그 자신의 상상력에 의존한다는 사실이다. (원래, "vorstellen"은 "상상한다"는 뜻이 있다.)

레오나르도의 경우처럼 무엇을 모사하는 경우에도 무슨 표상이 수반되는가? 아마 안 된다고 보는 것이 사실에 가까우리라. 실물을 앞에 놓고 사실적으로 그리는 경우도 마찬가지리라. 그런 면에서 이와 같은 창조 과정에는 생각하는 마음의 작용이 별로 없다고 말할 수 있으리라. 이와 반대로 독창적인 창조일수록 거기에 상상력이 필요함은 두말을 요하지 않는다. 남의 여래좌상을 본받지 않고 그의 독특한 여래좌상을 만드는 조각가는 그 자신의 상상력에 의존할 것이다. 또 추상화 같이 비묘사적인 창작을 생각해 보라. 그런 작품일수록 (남의 것을 모방하지 않는 한) 상상력이 필요함은 분명하다. 특히 음악이나 문학의 창조과정에서 그러하겠다. 이와 같은 사실은 미의 창조 작업에 미의 의식과 더불어 생각하는 마음이 작용함을 보여준다.

8

미의 창조 과정에 상상력의 역할을 인정할 때, 예술이나 문학에 있어서의 독창성의 중요성을 엿볼 수 있다. 창조와 독창은 다르다. 모방이나 사실적인 창조가 있다. 그것은 꼭 상상력을 필요로 한다고 할 수 없다. 그 반면에 아주 새로운 미를 창조하기 위해서는 상상력이 필요하다. 따라서 예술이나 문학에 있어서 독창적인 창조자들을 높이 평가한다. 이는 특히 독창적인 스타일이나 장르의 창조가 미의 애호가들에게 큰 센세이션을 일으키는 이유다. 이미 심미 경험이 늘 새로운 미를 희구함을 지적하였다. 진실로 베토벤이나 피카소와 같은 미의 거장들은 인류에게 새로운 미의 세계를 열어 준다고 말할 수 있으리라.

9 미를 창조하려는 의욕에 패러독스를 느낄 수 있다. 칸트는 미의 즐거움은 "무관심한 만족감"이라 했다.[49] "무관심"이린 미의 내상이 실재하느냐 않느냐에 대해 하는 말이다. 한편 인간의 의욕은 대상의 실재(실현)를 가져오려는 의욕이다. 그렇다면 미(즉, 아름다운 것)를 "낳으려는 의욕은 그 (대상의) 실현에 대해 "무관심한" 대상을 실현하려는 의욕이 되지 않는가?

아마 이 패러독스를 이론적으로 해소할 수 있을지 모르겠다. 그러나 나는 해소하려 하지 않는다. 그 대신에 이것을 미를 희구하는 인간의 실존을 나타내는 패러독스로 보려 한다. 심미의 세계는 보는 세계이다. 그것은 의욕을 모르는 신神의 세계이다. 인간도 신과 같이 미를 보고 즐긴다. 그 면에서 그는 영이

[49] 제1장, 16 참조.

며 신이다. 하지만 그는 동시에 의욕하는 존재이다. 그래서 미를 창조(실현)하려 한다. 미를 보고 즐기기 위해 미를 낳는다. 그리고 그 창조의 욕구를 충족함으로써 만족감을 얻는다. 그것은 인간만이 겪는 만족감이다. 신의 만족감이 아니다.

제6장

神들의 코러스

1 『파이드로스』의 채리어티어의 비유에 다음과 같은 광경이 나온다. 신들이 날개 달린 말들이 끄는 채리어트를 타고 천공을 달린다. 제우스 신이 그 행열의 선두에 가고, 그의 뒤에 다른 신들과 신령들이 대열을 지어 따른다. 플라톤은 한 군데서 그 광경을 다음과 같이 묘사한다.

> 신들은 중천에서 많은 장관을 본다. 거기에는 도처에 통로가 있어서, 지복한 신들은 거기를 지나면서 저마다 저의 작업을 한다. 누구나 원하는 대로 또 힘자라는 대로 따른다. 왜냐하면 신들의 코러스에는 질투란 없다. 그들은 연회와 축전에 갈 때 상천에 이르기 위해 급한 경사를 올라간다. 이 경사에서 신들의 채리어트는 잘 균형이 잡히고 또 잘 조정이 되어서 쉽게 올라가지만, 다른 채리어트는 힘들어한다. 잘 훈련되지 않은 악종의 말은 제 무게 때문에 채리어티어를 끌고 지구로 내려간다. 이 때가 영에게 가장 어려운 고난과 고투의 시간이다. 그러나 불사의 영들은 상천에 이르자, 앞으로 전진하여 하늘 마루에 다다라서 멈춘다. 회전하는 하늘 마루에서 그들은 하늘 밖을 조망한다.(247ac)

불사의 신들이 어떤 생활을 하는가? 나는 심미의 생활을 한다고 상상한다. 지복한 자는 결함이 없다. 그러므로 무엇을 소유하거나 이루려고 애쓰지 않는다. 그는 무욕의 존재다. 무욕의 존재가 욕망충족의 즐거움을 추구할 수 없다. 그의 즐거움이란 심미적일 수밖에 없다. 신들은 중천에서 눈앞의 장관을 보며 즐긴다. "신들의 코러스에는 질투가 없다"는 말은 암시하는 바가 많다. 신들의 합창? 참으로 아름다운 발상이다. 합창하는 신들! 욕망 없는 신들이 누구를 무엇 때문에 질투하고 선망하겠는가? 마지막 장면은 어느 마천루의 회전 스카이라운지에서 바깥 주위를 내다보는 경험을 연상케 한다. 역시 보는 즐거움이다.

신들이 연회나 축전에 참가한다 하는 것도 그들의 심미적 생활의 일면을 보여주지 않는가? 신이 뭘 먹고 마셔야하는가? 플라톤은 몸 가진 신이란 망상이라 했다. 그들은 몸 가진 동물처럼 먹고 마시지 않으리라. 그러면 어떻게 잔치를 즐기는가? 역시 먹고 마신다. 그러나 심미적으로 먹고 마신다. 그들은 문자 그대로 음미한다. 축전이란 우리 인간도 심미적으로 즐길 수 있는 행사다. 보기에 즐거울 뿐만 아니라, 또 거기에 참가하는 기쁨이 있다. 하긴 우리에게는 올림픽과 같은 축전에서 승리의 의욕이 오히려 그런 심미의 즐거움에 앞서지만.

(공자의 말이 생각난다. 그는 팔일편八佾篇에서 다음과 같이

말한다. "군자는 겨루지 않는다. 꼭 겨루어야 한다면 활쏘기에서랄까? 거기에 있어서도 〔당상에〕 오르고 내리면서 읍하고 서로 양보하며, 〔끝나면 승자가 패자에게〕 술을 권한다. 그 겨룸이야말로 군자답겠다."[50] 군자는 겨룸에서도 예를 지킨다.)

신들이 도처에 벋어나간 길을 가면서 "저마다 저의 작업을 한다. 누구나 뜻하는 대로 또 힘자라는 대로 따른다"는 것은 무슨 뜻인가? 분명치 않다. 신들은 무슨 작업을 할까? 무엇을 혹은 누구를 따른다는 말인가? 그러나 신들의 작업은 심미적 작업이리라. 천공에서 화원을 가꿀까? 석탑을 쌓을까? 그러나 무엇을 하든지, 저마다 남의 생각을 안 하고 제 일을 한다는 것은 역시 신다운 작업이겠다. 남을 질투하는 일이 없으니 무엇하러 곁눈질 하겠는가? 참견이란 생각조차 할 수 없다. 제 뜻대로 못하는 신이란 행복할 수 없겠다. 불행한 신이란 개념적인 모순이다. 제 힘자라는 대로 한다는 것은 무리가 없다는 말이다. 무욕한 신이 무엇하러 무리하겠는가?

2 여기에 나오는 플라톤의 신들은 그리스 신화의 신들과 다름은 물론이지만, 또 유태교나 기독교의 신관과도 다르다. 그리스 신화의 경우에 신들은 인간적 욕구와 정열의 소유자여

---

50 八佾篇 7.

서, 플라톤이 비난하듯이, 부도덕한 행위를 범하는가 하면, 헤브루 전통의 여호와 신은 전지전능한 우주의 통치자로 세상사, 인간사를 관할하기에 바쁘다. 전자의 경우에 신은 욕망 충족을 위해 뛰어다닌다면, 후자의 경우에는 신은 불복종하는 인간을 책벌하여 권위를 행사한다. 이런 면에서 두 경우에 다 신이 인간을 닮았다. 그들이 인간을 닮았다는 것은 그저 그들이 사람들이 하는 일을 한다는 말이 아니다. 오히려 그들의 생활양식이 (심미적으로) 보는 양식이 아니라 근본적으로 작업에 종사하는 양식이라는 것이다. 이들은 한마디로 일하는 신들이다. 그 점에서 노예와 별로 다를 것이 없다. 이 반면에 플라톤의 신은 근본적으로 보는 신이다. 그러니 그들은 과연 복받은 존재라 하겠다. 노예가 아니다. 인간적 정열에 지배되는 그리스의 신들이 희로애락의 생을 초월하지 못했다고 한다면, 아담과 하와가 명령을 어겼다고 해서 그 벌로 그들의 자손으로 하여금 평생 노동의 멍에를 걸머지고 땀 흘리게 하는 여호와 신이 그들과 얼마나 다른가?

3 생의 멍에는 사실 여호와 신의 저주에서 온 것이 아니라 우리 자신이 걸머진 것이다. 우리의 욕심으로, 우리의 생각하는 마음으로 걸머진 것이다. 우리는 이 걸머진 짐을 덜려고

문명을 낳았다. 그러나 이 문명이 우리의 짐에 중량을 더할 뿐이다. 문명이 우리에게 새 욕심을 갖다준다. 석가의 말이 옳다. 궁극에 있어서 우리의 욕심이 인생고의 원인이다. 우리의 짐이다. 그러니 욕심과 싸워야 하는가? 그걸 극복해야 하는가? 그러려는 노력이 또 새로운 욕심을 낳는다. 그래서 우리의 멍에는 우리의 어깨를 더 누르기만 한다. 그러면 우리는 어떻게 이 멍에에서 벗어날 수 있는가?

석가가 가르친 팔정도八正道가 바로 이 멍에를 벗어나는 길이다. 이것이 열반에의 길, 즉 욕심을 소멸하는 길이다. 그러나 이는 수도자의 길이다. 오늘날 수도자는 멸종의 위기에 당면한 족속이다. 그러면 인류 구원의 길은 없는가? 나는 심미 경험에서 해방의 실을 잦는다. 이것이 에로스의 길이다. 그것은 모든 영에 열린 길이다. 우리의 영이 미에 눈뜨는 순간, 우리 어깨에서 그 무거운 멍에가 꿈 같이 사라지고, 우리에게 다시 날개가 돋치리라. 그래서 우리의 영은 천상의 신들의 코러스에 참가하리라. 베런선은 문설주의 조각을 보고 빛의 세계에 들어갔다. 프루스트의 마르셀은 아침 해처럼 빛나는 우유 처녀를 보고 지복경에 들어갔다. 공자는 소악을 듣고 환희의 삼 개월을 보냈다.

4 이 때까지 나는 플라톤의 미론美論을 주로 『파이드로스』의 채리어티어의 설화에 비추어 논했다. 그 설화를 통하여 나는 나의 심미관의 한 측면을 조명하려 하였다. 이제 나는 여기서 『향연』의 디오티마의 이른바 "미의 계제"에 드러나는 플라톤의 미론의 관념주의적인 면을 지적하고, 어떤 면에서 그와 같은 사고가 지금도 우리의 미에 대한 태도에 남아 있지 않느냐는 것을 간단하게나마 고려하겠다.

앞에서 본 바와 같이 플라톤의 에로스 단계의 아래 두 단이 지상의 미인데 반해서 위의 두 단은 천상, 즉 이데아 세계의 미다. 전자는 눈에 보이는 미요, 후자는 지성 혹은 이성에 보이는 미다.[51] 그런 면에서, 상층의 두 가지 미(즉, 셋째 단의 지식 분야의 아름다운 이데아와 이론들, 그리고 꼭대기의 절대 미)는 어디까지나 관념적인 미다. 이 관념적인, 추상적인 미를 논하는 플라톤의 미론은 물론 나의 심미관과는 아무 상관이 없다. 플라톤이 지성적 미를 경험적 미의 위에 두는 것은 전자가 (이데아로서) 참되고, 순수하고, 완전하고, 영원불변한데 반해서 후자는 그렇지 않다는 (형이상학적인) 근거에서다. 따라서 그의 미론에는 진리성, 순수성, 완전함, 보편성, 객관성과 같은 개념

---

51 이 구별은 플라톤의 『공화국』에 나오는 "동혈의 비유"(514-517)의 지하와 지상에 해당한다.

이 들어 있다. 나는 그의 이데아 세계의 미를 거절함에 있어서, 동시에 이런 지성적 요소를 심미 세계에서 추방한다.

미학자나 철학자들이 심미 경험의 순수성이라든가 심미적 판단의 보편성을 작품의 내용이나 형식(폼)을 근거로 확립하려 한다. 이것은 객관적 접근이다. 이는 플라톤의 지성적 접근과 별로 다르지 않다. 미의 경험의 순수성이나 진실성을 꼭 논해야 하는가? 그것은 그 경험의 심적거리 여부나 혹은 그 경험의 기쁨의 순수성(즉 그 기쁨이 욕망충족에 기인하는 것이 아닌가 하는 점)에서 찾을 일이라 본다. 그런 경우에 어느 심미적 판단의 보편성이나 객관성을 따지는 것은 무의미하다. 심미경험의 순수성이나 진실성은 궁극에 있어서 대상이 아니라 경험에 비추어서만 알 일이기 때문이다.

사람들이 보통 고상한 미 혹은 저속한 미를 따진다. 여기에도 플라톤적인 경향이 있다. 미에는 고하가 없다. 무슨 기준을 갖고 고하를 판단하겠는가? 플라톤 같이 절대미를 가상할 것인가? 심미 경험의 성질이나 그 기쁨의 감도의 차이는 말할 수 있으리라. 그러나 경험의 고하를 논하는 것은 비심미적 고려에서 오는 말일 것이다. 민들레꽃에서 오는 심미 경험은 저속하고, 렘브란트의 자화상에서 오는 심미 경험은 고상하다고 하겠는가? 경험의 성질은 다르다. 순진한 아이가 렘브란트에서는 느낄 수 없는 심미적 지복감을 민들레꽃에서 느낄 수 있지 않을까? 혹시 누가 렘브란트의 작품에서 느끼는 어떤 영적 깊음과 생명력 때문에 그 경험을 민들레꽃의 노랑에서 느끼는 소박한 미의 경험보다 더 높이 평가한다면, 그것은 성질이 다른 두 경험을 비교하는 일이 되겠다. 그러나 어떻게 다른 성질의 것들을 비교하는가?

5 심미적 감수성이 사람에 따라 다르다. 그뿐만 아니라 그것이 문화나 사회에 따라서도 다르다. 기어쯔 교수가 지적하듯이 발리인의 심미 경험은 서양인의 그것과 판이하다. 이런 면에서 심미 경험의 상대성 내지 다양성은 부정할 수 없다. 이 인류학적 혹은 민속학적 사실은 심미경험의 객관성, 보편성, 혹은 진리성을 주장하는 자로 하여금 불안케 한다. 나는 이 불안에 플라톤주의적 사고의 경향을 엿본다. 그들의 불안은 가치세계의 상대성에 대한 공포와 연결된다. 그들은 가치세계가 절대성을 놓칠 때 그 세계의 몰락을 두려워한다. 그러나 왜 가치세계의 몰락을 두려워하는가? 사람이란 가치세계에 살게 마련이 아닌가? 그리고 어느 사회나 그 사회의 가치세계를 갖게 마련이 아닌가? 그들이 두려워하는 것은 사실 그들이 고수하려는 특정한 가치세계의 몰락이나 변화다. 자기중심의 이론이다.

오늘날 지구상의 문화의 다양성, 즉, 종교, 도덕, 관습 등의 다양성은 민속학자가 아니더라도 인식하는 사실이다. 이런 현실에 단일의 보편적 심미 양식을 찾는 것은 절대에의 의욕의 징조이다. 절대에의 의지는 결국에 독선주의를 낳으며, 그래서 타他를 거절하고, 나아가 타를 강요하며, 폭행을 마다하지 않는다. 인류의 역사가 이를 증명한다. 실상 이런 일이 현재 세계 각처에서 일어나고 있다. 심미 세계에 있어서 강제나 폭력은 상상할 수 없다. 나는 여기서 심미 경험의 다양성을 주장한다. 꼭 "주의主義"란 말을 써야 한다면 다원주의라 부를까? 왜 심미 세계의 다양성이 걱정스러운가? 오히려 지상에 백화난만하는 미의 세계의 미를 보며, 그것을 경축할 일이 아닌가? 나는 지상의 신들의 코러스를 꿈꾼다.

부 록

〔1〕 意識의 삶, 無意識의 삶

〔2〕 萬民이여! 萬民이여!

〔3〕 孔子의 美的 君子觀

〔1〕 意識의 삶, 無意識의 삶

1 단풍 계절이 되면 다들 산에 단풍놀이를 간다. 그 중에 얼마나 많은 사람들이 단풍의 경치를 참으로 즐기는가? 어떤 사람들은 친구들과 술 마시고 떠들다가 취해 돌아온다. 어린 것들을 데리고 간 부부는 아이들 다루기에 바쁘다. 젊은 커플은 사랑을 속삭일 곳을 찾아 간다. 정객은 정치를, 철학자는 철학을 동료와 논하다가 돌아온다. 화창한 가을날에 그런 즐거운 시간을 보내는 것은 나름의 뜻이 있겠다. 하지만 그 중에 문자 그대로 단풍을 즐기고 돌아오는 사람은 얼마나 있을까? 정말 무엇을 즐긴다면 거기에 주의가 가야 하겠다. 마음이 가야 한다. 어떻게 술 취해 떠들썩하면서, 혹은 철학을 논하면서, 혹은 애인의 눈동자를 바라다보면서, 단풍에 마음을 보낼 수 있겠는가? 이들은 단풍 든 산에 갔지만 단풍은 즐겼다 할 수 없다. 혹 그들의 눈은 단풍을 봤더라도 그들의 마음은 단풍을 보

지 않았다. 마음은 딴 데 있었다.

단풍 보러 산에 갔다가 단풍을 보지 않고 돌아오는 사람들이 있다. 눈으로 보는 단풍과 마음으로 보는 단풍이 다르다. 무엇을 마음으로 본다는 것은 그것을 주의해 본다는 것이다. 정말 단풍을 감상하기 위해서는 주의가 단풍에 가야 한다. 그래야 마음이 단풍을 의식한다. 단풍 풍경을 즐기는 풍류객을 생각해 보자. 그의 주의는 눈에 드러난 단풍에 간다. 그는 단풍빛을 의식한다. 이런 풍류객과 달리, 사람들은 대체로 단풍 구경하러 산에 가도 그들의 주의를 딴 데 보낸다. 그러니 단풍이 그들의 마음의 시야에 들어올 수 없다.

2 우리는 현재에 산다. 그러나 현재를 의식하는가? 몸은 단풍 속에 묻혀도 단풍이 의식에 들어오지 못한다. 마음이 현재에서 떠났다. 몸의 자리를 떠났다. 우리는 살기에 바쁘다. 줄곧 말을 해야 한다. 생각에 몰두한다. 작업에, 의론에, 궁리에 우리의 주의가 간다. 그래서 현재를 의식할 겨를이 없다. 의식한다는 것은 현재 밖에 없다. 과거는 기억의 대상이다. 미래는 예기하는 것이다. 둘 다 없는 것이다. 없는 것을 어떻게 의식하는가? 우리가 살기에 바빠서 현재를 의식 못한다면, 그것이 아이러니가 아닌가? 현재의 밖에 살 수 없으니 말이다.

현재를 의식하지 못한다면 과연 현재에 산다고 할 수 있을까? 몸은 살지만 마음은 거기 없다. 그렇다면 그건 꿈과 같은 삶이 아닌가? 꿈이 무언가? 마음이 몸의 자리를 떠나 헤매는 일이 아닌가? 시야에 들어오는 것이 다 붉고 노란 찬란한 경치다. 하지만 마음은 일터에 가버렸다. 닥쳐오는 선거 전략을 꾸미고 있다. 죽은 애인을 생각한다. 이것이 꿈과 어떻게 다른가? 꿈은 몸이 자는 동안에 마음이 외출하는 거라면, 우리의 일상생활은 몸이 깨어 있는 동안에 마음이 외출하는 것이 아닌가? 백일몽이란 말이 있다. 인간의 현실생활이 백일몽과 어떻게 다른가?

3 우리가 현실생활이라 하는 것은 의식하는 마음과 거리가 멀다. 어떻게 사는 것이 현실생활인가? 문명사회에 있어서 그것은 단순히 생리적 생활을 뜻하지 않는다. 현실적인 인간은 생존을 위해 일한다. 천만 가지 일이 있다. 또 사회적으로 혹은 정치적으로 활동한다. 경제적, 정치적 힘을 추구한다. 남의 인정을 받으려 노력한다. 명성을 올리려 애쓴다. 이와 같은 생활관에 의하면, 인생은 근본적으로 일하는 삶, 활동하는 삶이다. 작업에 종사하는 일이다. 거기에는 의식의 면이 결여되어 있다. 의식 없이 평생을 보낸 "위대한" 정치가, 장군, 자선가, 사업가며, 또 그 밖에 각 방면에서 명성을 올린 유명인사들이

얼마나 많은가?

의식 없는 평생? 우리는 그런 생을 마음 없는 짐승들의 생에서 본다. 다른 동물들은 마음이 없기 때문에 의식 없는 삶을 보낸다. 인간은 틀림없이 마음을 가졌다. 그래서 의식의 능력이 있다. 그러나 그 마음을 온갖 작업에, 활동에 쓴다. 일하기에, 싸우기에, 놀기에, 생식하기에 쓴다. 이처럼 마음을 생존하기 위해 쓰며 의식 없는 70, 80 평생을 보낸다. 과연 마음 씀에 짐승들과 다르다. 하지만 의식 없는 생을 보내기는 마찬가지다. 그래 지상에 왔다 바삐 지내느라 불타는 단풍도 못 보고, 교교한 달빛도 못 보고 천수를 다하면 간다. 아마 어떤 이는 항의하리라. 왜, 우리가 단풍을 못 보고 달빛을 못 본다고 하는가? 의식 없이 봄이 참 봄인가? 의식 없는 사람의 눈에 비치는 달빛이 의식 없는 동물의 눈에 비치는 달빛과 어떻게 다른가?

4 보통 지각 작용을 일종의 의식 작용으로 간주한다. 나는 의식과 지각을 엄밀히 분간한다. 무엇을 감관으로 지각한다는 것은 반드시 그것을 의식하는 일이 아니다. 의식은 주의를 요한다. 따라서 마음이 대상에 가야 한다. 바꾸어 말하면 대상의 지각적 내용이 마음을 차지해야 한다. 마음이 그것을 느껴야 한다. 지각 기관을 가진 동물들이 지각한다는 것은 동의반

복이다. 하지만 그들이 의식하느냐는 건 다른 문제다. 의식은 마음을 전제하기 때문이다. 지각 가진 동물은 다 마음이 있는가? 이 질문에 대한 해답은 마음의 정의에도 달려있겠지만, 동시에 경험상의 문제다. 사람이 다른 동물의 경험세계를 알 수 있는가? 나는 이런 문제에 관심이 없다.

(나는 여기서 오관의 대상에 대한 마음의 의식을 논하고 있다. 치통이나 목마름과 같은 체내의 상태 혹은 변화에서 오는 느낌을 의식작용에 포함하기도 한다. 그것은 지각기관과 관계없이 신경조직을 통해 일어나는 생리적 현상이다. 지금 그런 현상을 두고 하는 말이 아니다. 몸이 아니라 마음의 의식을 논하고 있다.)

다른 동물의 지각은 생리적으로 그 행동과 직접 연결된다. 흔히 그것은 어떤 반사적인 행동이나 작용을 초래한다. 고양이가 쥐구멍을 지켜본다. 쥐새끼가 기어나온다. 그걸 보는 순간 고양이의 발이 냉큼 쥐를 움켜잡는다. 반사적인 행동이다. 지각에서 오는 정보에 대한 반응이다. 이와 같은 현상은 하층 동물에서만 보는 것이 아니라 우리 인간에게서도 얼마든지 관찰한다. 앞에 달려오는 자전거를 보고 그 순간 급히 그걸 피하는 동작은 반사적이 아닌가? 의식적으로 피하지 않는다. 무의식적 작용이다. 자동적이다. 마음을 쓰지 않는다. 사실 우리의 지각생활의 대부분은 이와 같이 반사적인 것이다. 몸의 작용이다.

많은 통행인이 서로 부딪치지 않고 번잡한 거리를 걸어간다. 굽이굽이 도는 산 비탈길을 자동차를 무난히 운전해 간다. 공차기를 한다. 순간순간 시야에 들어오는 것이 변하는데, 언제 대상 하나 하나에 주의하겠는가? 이런 경우에 지각의 대상에 대한 의식이란 전혀 불가능하다. 고양이가 언제 기어 나온 쥐 새끼의 주둥이며 그 양상을 의식하겠는가? 또 누가 쏜살같이 앞에 오는 자전거를 보고 그것의 시각적 내용을 의식하겠는가? 이처럼 반사적인 동작을 동반하는 지각작용이 지각 생활의 태반을 차지한다. 이런 면에서 우리의 지각 생활은 좀처럼 무의식의 레벨을 벗어나지 않는다. 우리도 다른 동물들과 별로 다르지 않다.

물론 인간의 지각작용이 다 반사적인 것이 아니다. 요리사는 저미는 생선에 주의한다. 목수는 대패질하는 송판에 주의한다. 분명히 그들의 마음은 대상에 가 있다. 하지만 그들이 정말 주의하는 것은 무엇인가? 대상 자체의 지각적 내용인가? 아니다. 그들은 그들이 하는 작업의 관점에서 대상을 본다. 요리사는 생선을 저미는 관점에서 눈앞의 것을 대한다. 그가 생선을 저미는 과정에 무관한 시각적 내용은 안중에 들어오지 않는다. 같은 이야기를 목수의 경우에도 말할 수 있다. 이런 경우에 대상 자체(그 지각적 내용)는 우리의 주의의 초점 밖에 있기 때문에 의식의 시야에 들어오지 않는다. 우리는 일할 때만이 아니라 무슨 행동이나 활동을 할 때 거기에 마음을 가다듬지 않을 수 없다. 작업에 주의한다. 하는 일이 지각작용의 관점이 된다. 대상 중심이 아니라 자기중심이다. 그 결과는 대상 자체에 대한 무의식이다. 요리사의 마음이 저미는 생선의 비늘의 광채에, 목수의 마음이 대패질하는 나무의 결의 무늬에 주의가 쏠리는 순간, 그들의 일손이 멈춘다.

쥐구멍을 지켜보는 고양이에 돌아가자. 고양이가 5분이고 10분이고 꼼짝 않고 쥐구멍을 지켜보는 걸 본 적이 없는가? 아마 고양이의 주의력은 정신 집중하는 선사를 연상시키겠다. 하지만 고양이의 주의의 대상은 무엇인가? 앞에 보이는 까만 구멍인가? 나타나기를 기다리는 어떤 변화일까? 그 놈의 주의의 관심은 사냥꾼의 관점이겠다. 바위 뒤에 숨어서 숨을 죽이고 사슴의 출현을 기다리는 사냥꾼은 무엇을 의식하는가? 그의 주의는 현재가 아니라 미래에 있다. 그러니 거기에 무슨 현재의 의식이 있겠는가? 그의 오관은 극도로 예민하다. 몸은 현재에 있지만 마음은 미래에 있다. 이런 경우에 우리는 주의해도 현재를 의식하지 못한다. 주의가 현재에 있지 않다.

5

흔히 마음이라면 생각하는 마음을 뜻한다. 이 관념은 일반 사람들뿐만 아니라 인식론을 전공하는 철학자들에게서도 보는 통념이다. 생각하는 마음은 의식하는 마음과 전혀 다르다. 마음은 하나다. 그 하나의 마음이 의식하기도 하고 생각하기도 한다. 이 마음이 생각하면 의식하지 못하고, 의식하면 생각하지 못한다. 우리가 깨어 있다는 것은 몸(오관)만이 아니라 마음도 같이 깨어 있음을 말한다. 깨어 있는 마음은 꼭 주의하는 마음이 아니다. 아침에 잠에서 깨어나 눈을 뜬다. 밖이 밝다. 침대에서 일어나 무심히 창에 간다. 동쪽 하늘이 불그스레하다. 차차 그것이 황금빛으로 변한다. 잠시 황홀에 빠진다. 갑자기 자명종이 울린다. 황홀에서 깨어난다. 황금빛 하늘의 미에 끌린 마음은 의식하는 마음이었다. 그 의식하는 마음에서 깨어나 현실에 돌아온다. 시간의 세계에 들어간다. 평상시의 마음이 발동한다. 직장에 가야 한다. 평상시에 깨어 있는 마음은 종사하는 마음이다. 생각하는 마음이다.

현실에 사는 마음은 일 중심이다. 따라서 그 마음은 일의 관점에서 깨어 있다. 그래서 사업가는 사업의 관점에서, 물리학자는 물리학적 관점에서 마음이 깨어 있다. 그러나 깨어 있는 상태는 꼭 주의하는 상태가 아니다. 사과나무에서 사과가 떨어지는 것을 보고 지구인력설에 착상하는 뉴턴의 마음은 물리학적인 관점에서 깨어 있었겠다. (이 이야기가 사실인가?) 그러나 그때 그의 마음은 미리부터 (떨어지는 사과에) 주의하는 마음이 아니었다.

6 평상심이 일 중심이라는 것은 곧 자기중심이라는 것이다(꼭 이기적이란 뜻이 아니다). 종사하는 마음, 즉 생각하는 마음은 대상을 자기중심으로 대한다. 그러므로 대상 자체가 그 의식에 들어오지 못한다. 여기서 말하는 대상 자체란 철학자들이 말하는 객관적인 대상, 인간의 경험 전의, 혹은 인간의 인식에서 독립된, 존재를 말하는 것이 아니다. 이런 존재는 생각하는 마음의 소산이다. 과학자들이 말하는 물체도 그렇다. 내가 말하는 대상이란 지각의 대상이다. 그런 의미에서 그것은 지각하는 몸의 대상이다. 산 몸의 대상이다. 지각적 내용을 가진다.

대상의 내용이 나의 의식이며, 나의 의식의 내용이 바로 대상의 내용이다. 이는 의식하는 순간 나와 대상이 하나됨을 말한다. 바꿔 말하면 자타가 없다. 멀리서 천동이 들린다. 그것을 의식한다. 그 소리가 나의 의식의 전부다. 나다. 그 소리를 듣는 내가 따로 있는가? 또 들리는 대상이 따로 있는가? 들림만 있다. 물론 듣는 현재의 (물리적) 원인은 외적인 것이라 하겠다. 그러나 경험의 원인은 경험의 내용일 수 없다. 경험의 원인을 찾는 것은 경험의 밖으로 나가는 일이 아닌가? 경험을 떠나는 일이다. 철학자가 하는 일이요, 과학자가 하는 일이다. 다 생각하는 일이다.

7 나는 서두에서 단풍놀이 가는 사람들 중에 단풍을 참으로 즐기는 사람이 얼마나 있는가 하고 물었다. 이제 좀 더 큰 물음을 던지겠다. 아마 사람은 다 행복을 원하리라. 21세기에 사는 인류는 내세가 아니라 바로 현세에서 행복을 누리려 한다. 미래가 아니라 현재에서 행복을 누리려 한다. 현재를 즐기자는 것이다. 그러나 얼마나 많은 사람들이 과연 현재를 즐기는가? 우리가 평상시에 일 중심으로 살면서 현재를 의식조차 하지 못한다면 어떻게 현재에서 행복감을 찾겠는가? 주말에 일에서 풀리기를 고대하지 않는 사람들이 얼마나 있는가? 주중에는 퇴근 시에 일의 짐을 내려놓는 감을 금치 못한다. 이는 일에서 해방되려는 욕망이 아닌가? 실제로 여가나 휴가를 기다리는 마음은 일에서 행복을 찾지 못하는 증거다. 누가 그걸 모르느냐고 반문하는 사람들이 있으리라. 일을 해야 사는 것이 현실이 아니냐고 할 것이다. 사실 누가 깨어 있는 순간순간에 현재를 의식하고 현재에 살겠는가? 더욱이 누가 현재를 늘 즐기겠는가? 아마 대오 각성한 선사도 그렇지 못할 것이다. 그러면 왜 새삼스레 현재의 의식을 논하는가?

평상시의 생활을 꿈에 비했다. 대낮에 몸의 현재를 떠나 헤매는 마음! 꿈은 거기서 깨어나야 하는 것이 아닌가? 깨어나기 전에는 꿈이 현실이다. 왜 나는 이 현실에서 깨어나기를 주장하는가? 우리의 평상시의 생활이 참된 인생이 아니라는 뜻인가? 나는 참된 인생이란 개념에 대해 회의적이다. 나는 철학자나 종교가가 말하는 참을 모른다. 하지만 현재를 참으로 즐김이 현재의 의식 밖에서 불가능함을 안다. 누가 그걸 부인할까? 마음이 몸의 자리를 떠나고 어떻게 현재를 즐기는가? 아마 머릿속에서 무엇을 즐길지 모른다. 하지만 그것이 현재일 수 없다.

한 걸음 더 나아가 묻는다. 마음이 몸과 같이 하건 안 하건 몸은 현재에 산다. 그건 모든 동물의 생태다. 그러나 마음 가진 동물로 참으로 의식하는 생을 보내려는가? 그러면 출가한 마음이 제 집에 돌아와야 한다. 몸의 자리에 돌아와야 한다. 좋던 궂던 제 집에 돌아오지 않고는 의식의 생활을 할 수 없다. 사실 마음이 제 집에 돌아올 때, 우리는 거기에서 끝없는 즐거움을 겪을 수 있다. 단풍을 즐긴다. 달을 즐긴다. 먹는 밥의 맛을 생전 처음 음미한다. 마시는 냉수의 달콤함을 의식한다. 아니, 고요의 지복을 의식한다. 그 이상 무엇을 바라겠는가?

〔2〕 萬民이여! 萬民이여!

내가 바닷가에 도시를 하나 세운다면, 나는 바닷가 한 섬에다가 자유의 신상神像을 세우지 않고 아름다움의 신상을 세울 것이다. 그 이유는 자유의 발 밑에서 사람들은 항상 싸울 것밖에 없지만, 아름다움 앞에서는 모든 사람은 서로서로 형제 같이 손을 잡을 것이기 때문이다.[*]

–칼릴 지브란

1

나는 심미의 사회를 꿈꾼다. 심미의 사회는 의식意識 사회다. 산에 있어도 좋고, 도시에 있어도 좋다. 그러나 소요를 피하자. 왜? 소요 속에서는 의식의 생활이 불가능하니 말이다. 의식 없는 곳에 미가 거하지 않는다. 되도록 아름다운 환경을 택하자. 번잡한 도시보다 조용한 자연 환경이 낫겠다. 거기서 사철 변해가는 자연미를 즐길 수 있으리라. 봄에는 진달래, 여름에는 모란, 가을에는 단풍. 아, 겨울에는 하얀 눈의 침묵!

심미촌의 성원은 꼭 미美의 애인이 아니라도 좋다. 그러나

---

* 이 문장은 함석헌이 옮긴 칼릴 지브란의 『예언자』, “옮긴이의 말”에 인용된다. 『함석헌전집』 제16권, p. 218.

의식의 귀함을 알아야 할 것이다. 누구나 의식하는 자라면 미감을 아주 결할 수 있을까? 피카소의 우는 여인들을 감상하지 못해도, 밤하늘에 반짝이는 별들을 찬양한다. 조이스를 읽지 못해도 소월의 "산유화"를 즐겨 읊는다.

그 사회는 미의 창조자를 귀히 한다. 또 미의 여러 분야의 비평가들이 있을 것이다. 그러나 그 사회의 중심은 미의 애인들이다. 미의 "소모자"라는 표현을 추방하자. 미는 소모하는 물건이 아니니 말이다. 미는 신의 선물이다. 심미는 영적인 것이요, 신적인 것이다. 심미 사회는 영의 사회다. 신의 사회다.

2 심미의 세계는 무한하다. 다 같이 그 무한의 세계를 답사하자. 누가 장미만이 아름답다고 하는가? 밭두둑의 민들레꽃이 빛난다. 심미사회는 열린 사회다. 거기에 심미의 자유가 있다. 창조의 자유가 있다. 스타일의 자유, 장르의 자유. 미에 귀천이 없다. 미감의 자유다. 그러니 남의 미감을 존경한다.

심미족은 개인과 개인을, 나라와 나라를 격리시키는 추상을 추방한다. 독선을 경계한다. 절대를 버려라. 진리를 버려라. 참을 주장하는 것은 통일에의 의지의 발현이다. 추상의 유혹을 경계하자. 상대주의인가? 심미사회는 주의主義를 모른다. 이념을 모른다. 주의주장은 무의미하다.

다색 다양은 심미 세계의 생명이다. 통일을 원치 않는다. 오히려 백화난만을 자랑한다. 누가 일색의 화원을 가꾸는가? 누가 마오리인의 문신을 웃는가? 누가 타히티 여인더러 젖가슴을 가리라고 하는가? 누가 재즈는 음악이 아니라고 하는가?

3 심미사회가 도덕사회일까? 율법주의를 말하는가? 형식주의를 뜻하는가? 도덕주의는 의식세계의 부정이다. 그러면 아무 사회적 행동의 규범이 없는가? 규범이란 말을 버려라. 미의 애인들이 아무렇게나 행동할까? 심미하는 눈에 아름다운 행실이 있고 불미스런 행실이 있을 것이다. 그들은 도덕적 양심이라기보다 미감에 따라 행동할 것이다. 발리인을 보라.

심미촌은 평화의 마을이 아닐 수 없다. 폭력, 폭행을 거절한다. 평화롭지 않고 어떻게 의식의 생활이 가능한가? 마음의 고요와 환경의 평온 없이 어찌 울타리 밑에 살짝 고개를 내민 제비꽃에 눈이 가겠는가?

심미촌은 성자의 마을이 아니다. 거기에 의견충돌이 있겠다. 질투도 있겠다. 승가에서도 불화와 질투가 있다고 듣는다. 그러면서도 승가는 2천년의 전통을 가진다. 감정을 두려워하지 말라. 심미족은 불화의 추함을 의식한다. 그러니 스스로 불화를 자제하리라. 아마 때로 화를 내기도 하리라. 또 감정의 폭발도 있으리라. 그러나 그런 걸 도덕률로 억제하지 않는다. 강제나 압력은 심미 의식의 부정이다. 심미사회는 미 의식에 의거하는 자율 사회다. 계율이 지배하는 날이 심미촌이 기울어지는 날이다. 심미사회는 공자의 예의 사회에 가깝다. (공자가 정鄭 나라의 자산子産이 처음 성문법을 돌에 새긴 것을 한탄한 이야기가 있다.)

4 심미사회도 사람의 사회다. 먹고 일해야 한다. 산승도 밭을 갈고 먹을 걸 마련하지 않는가? 어떤 카톨릭교의 수도원에서는 포도원을 가꾸는가 하면 제본 작업을 하는 걸 보았다. 우리의 심미촌도 더욱이 이 자본주의시대에 무엇을 생산해야 할 것이다. 밭을 갈아도 좋다. 포도원을 가꾸어도 좋다. 하지만 미의 생산은 어떨까? 사실, 그것이 바로 미의 창조자들이 즐겨 하는 일이 아닌가? 그들의 창조로 그들은 그들 자신의 사회뿐만 아니라 바깥 사회에도 빛을 가져오고 기쁨을 가져올 수 있지 않는가? 메마른 문명 생활에 윤택함을 가져올 수 있다.

미술인은 그의 아틀리에에서, 문학인은 그의 서재에서 작업한다. 한편 연주가나 연예인에게는 온 세상이 그들의 무대가 될 수 있지 않겠는가? 심미촌의 다른 성원들도 미의 생산에 각 방면으로 참여할 수 있겠다. 또 화원을 가꾸거나 하면서 환경의 미화 작업을 할 수 있겠다. 심미사회가 굶을 걸 염려하는가? 나는 도리어 심미사회의 부유를 염려한다. 심미사회는 재물을 축적하지 않는다. 허영을 모른다. 여유가 있으면 왜 심미교육을 위해 예술학교를 세우고 또는 미의 워크숍을 차리지 못하는가? 또 빈곤한 사람들에게 무료 공연을 제공할 수 없는가?

5 교향악단이나 합창단을 심미사회의 모델로 생각하자. 단원이 다 같이 미의 실현을 위해 노력하며 미를 찬양한다. (이런 면에서 미의 창조자와 감상자를 분간하지 않는다.) 오케스트라에서 단원이 다 각기 맡은 역을 다함으로써 연주하는 교향악의 완전을 기한다. 거기에 무슨 질투가 있고 경쟁이 있겠는가? 다른 단원들이 잘하면 잘 할수록 서로 기뻐하고 축하한다.

베토벤의 교향악 제 9번 피날레에 나오는 쉴러의 "환희에 부쳐서"를 부르는 합창을 생각하자. 그 광경에서 나는 미의 기쁨을 찬미하는 심미사회의 모습을 마음속에 그려 본다. (아래 의역에서 쉴러의 시의 "환희"를 "미의 환희"로 바꾸었다.)

미의 환희, 그대는 신의 불꽃!
천상의 딸!
불에 취해, 우리들은

그대의 지성소에 들어오도다.

풍습이 갈라 놓은 우리들은

그대의 신술神術로 다시 하나를 이루도다.

그대의 부드러운 날개 밑에

만민은 다 형제로다.

만민이여, 서로 팔을 끼고 모여,

전 우주의 입맞춤을 나눌지어다.

………

………

만물은 대자연의 젖가슴에서

미의 환희를 들여마시노라.

선한 것, 악한 것 할 것 없이

다 자연의 장미 길을 따르는구나.

자연이 우리에게 주는 입맞춤과 단 포도주,

죽음의 시련이 뗄 수 없는 벗.

벌레는 교미의 즐거움을 느끼고,

천사는 신 앞에서 춤추도다.

....

....

기쁘도다, 마치 천공의 찬란한 항로를
비상하는 태양들처럼,
달려라, 형제들이여, 그대들의 행로를,
기꺼이, 승전의 영웅처럼.

....

....

〔3〕 孔子의 美的 君子觀[*]

1

『論語』에는 詩[1]와 (音)樂에 관한 孔子의 발언이 많다. 이들 발언을 어떻게 읽을 것인가? 孔子의 가르침에 있어서 詩와 樂은 君子의 도덕 생활을 위해 그저 부차적인 역할을 하는가? 君子는 단순히 詩를 도덕적 정서를 양성하기 위해 공부하고 읊고, 음악을 도덕적 인격의 완성을 위하여 연주하고 즐기는 것인가? 나는 이 논문에서 孔子의 君子觀은 근본적으로 審美的이어서, 그 美的 군자관이 그의 도덕적인 군자관에 선행한다고 주장한다. 그리고 그가 詩와 樂을 제자들에게 추천하는 것은 그의 심미적인 군자관 때문이라고 논한다.

우선 孔子의 중심 개념인 "仁"의 뜻을 밝히고자 한다. 흔히

---

* 이 논문은 *Asian Philosophy*, Vol. 16, No. 2, July 2006에 실릴 예정인 나의 논문 "Confucius's Aesthetic Concept of Noble Man: Beyond Moralism"과 내용이 거의 같다. 그러나 그 논문의 번역이 아님을 밝힌다. 이 글은 특히 유교문화의 독자를 위한 글이다.

1 즉 『詩經』.

"仁"을 윤리적인 개념으로 취급하여 최상의 德 혹은 모든 德의 원천으로 해석한다. 나는『論語』에 나오는 "仁"을 꼭 윤리적이나 형이상학적으로 좁게 해석하지 않고,[2] 오히려 그 원의를 염두에 두어 넓게 "사람다움"의 뜻으로 해석한다.[3] "사람답다"는 것은 인간적인 것을 동물적인 것과 분간해 하는 말이다. 따라서 "不仁"은 곧 짐승과 같다는 뜻이 되겠다.『中庸』에 孔子의 말로 "仁者人也"라는 구가 나온다.[4] 또 孟子도 "仁也者, 人也"라 하고, "仁, 人心也"라 한다.[5] 여기서 중요한 것은 孔子가 仁을 궁극에 있어서 인간의 精神性에서 찾는다는 것이다. 사실 인간이 다른 동물과 근본적으로 다른 것은 이 정신성 때문이다. 사람됨은 곧 人心이다.

---

[2] 孟子가 말하는 "仁義禮智"의 "仁"은 분명히 윤리적인 개념이다. 宋代의 性理學에 들어와서는 "仁"은 형이상학적 개념으로 변한다.

[3] 木村英一는 "仁"을 "人間らしさ(人間다움)"라고 해석하면서 그것이 忠恕와 같은 어느 하나의 덕목이 아님을 지적한다. 木村英一,『論語』(東京, 1975), 549-550, 554면 참조. 貝塚茂樹는 孔子를 중국에서 최초로 "人間性 一般"을 발견한 자라 부르며, 孔子가 "이 人間性이 완전히 실현된 상태를 仁이란 말로 표현했다"고 주장한다. 貝塚茂樹,『孔子』(東京, 1979), 6면 참조. 木村와 貝塚의 해석이 내가 말하는 "사람다움"에 가깝지만, 그들은 "仁"을 역시 윤리적으로 해석하고 있다. Arthur Waley는 그의『論語』영역 서문(*The Analects of Confucius*〔New York, 1938〕, "Introduction," 27-29면)에서 "仁"의 뜻을 설명하면서 이 字가 孔子 이전에는 동물과 대조해 "인간" 혹은 "인간적"이란 뜻으로 사용되었다고, 다음과 같이 지적한다: "…*jên*〔仁〕became a general word for 'human being,' the adjective *jên* came to be understood in the sense 'human' as opposed to 'animal,' and to be applied to conduct worthy of a man, as distinct from the behavior of mere beasts"(27면). 여기서 Waley가 말하는 "仁"의 뜻이 바로 내가 "仁"을 "사람다움"으로 해석할 때의 뜻과 똑같다. 그런데 그는 이 뜻이 孔子에 와서 달라져서『論語』에서는 매우 넓은 뜻으로 "善(good)"이란 의미로 쓰이게 된다고 주장한다. 그래서 그의 영역에서 "仁"을 거의 예외없이 "Goodness"라고 번역한다. Waley 역시 "仁"을 도덕적인 개념으로 해석한다.

[4]『中庸』, 제20장.

[5]『孟子』, 盡心章句下, 제16장 告子章句上, 제11장.

다만 인간은 가진 人心을 늘 발휘하지 않는다. 그것은 그의 동물성 때문이다. 孔子의 눈에는 사람은 그 동물성을 벗어나기 전에는 아직 참 사람(仁)이 아니다. 그런 면에서 보통 인간은 완전한 인간성(仁)을 이루지 못했다고 하겠다. 엄격하게 말하면 聖人만이 인간성 즉 人心의 완성자라 하겠다. 인간은 이루어야 하는 존재이다. 孔子가 가르치는 君子가 바로 이 人心(仁)의 성취를 위하여 (人)道를 배우고 그 실천에 전념하는 자이다. 君子가 "學而時習"하는 대상이 바로 참 사람이 되는 길이다. 顔回가 하루는 孔子에게 "仁"을 묻는다. 孔子의 답이 "克己復禮"[6]라고. "나를 극복한다"는 것은 내가 가지고 태어난 동물성을 극복하라는 뜻으로 보겠다. 나를 이김으로써 비로소 禮에 돌아간다.

仁이 孔子의 근본 가르침이니만큼 그의 제자들이 항시 仁에 대한 질문을 하는 것이 당연하겠다. 그런데 그의 대답은 좀처럼 같지 않다. 그것은 그가 仁을 추상적으로 설명하는 것이 아니라 그때그때 구체적인 상황에 따라 가르치기 때문이다. 孔子의 仁에 대한 발언이 대체로 윤리에 관한 것이 사실이다. 하지만 그렇다고 仁이 윤리개념에 그친다는 것은 잘못이다. 『論語』에서 樊遲는 仁에 대해 세 번 묻는다. 孔子의 대답이 한 번은 "愛人"[7]이라 하고, 한 번은 "居處恭, 執事敬, 與人忠"[8]이라

[6] 顔淵篇 19.
[7] 顔淵篇 22.

하고, 또 한 번은 그저 "先難而後獲"[9]이라고 한다. 분명히 마지막 대답은 윤리도덕과 무관하다. 어려운 일을 먼저 처리함으로써 뒤에 열매를 거둔다는 것은 오히려 인간사 일반에 대한 충고처럼 들린다. 여기서 긴요한 것은 그와 같은 일상생활에서도 그 행위가 인간의 정신성의 발현인 한, 孔子는 거기에 仁을 인정한다는 것이다. 물론 "愛人"은 人心(仁)의 표현이다. 두 번째 답의 "恭"과 "敬"과 "忠"이란 다 정신성의 모습에 지나지 않는다. 어떻게 평소에 집에서 몸가눔을 하느냐 혹은 일에 종사하느냐 하는 것이 꼭 윤리와 상관 없는 것도 분명하다.

八佾篇에서 孔子는 "人而不仁, 如禮何, 人而不仁, 如樂何"[10]라고 말한다. 또 한 군데서 그는 "禮云禮云, 玉帛云乎哉, 樂云樂云 , 鐘鼓云乎哉"[11]하고 한탄한다. 이 두 구에서 그는 仁이 禮와 樂[12]의 본질임을 선언한다. 바른 마음가짐을 결여한 예절은 무의미한 형식이며, 순수한 인정의 표현이 아닌 음악은 동물적 감각을 자극하는 소음에 지나지 않는다. 특히 孔子가 음악에서 仁을 찾는 것은 그의 仁의 개념이 윤리적인 것에 국한되지 않음을 보여준다.

---

8 子路篇 19.

9 雍也篇 22.

10 八佾篇 3.

11 陽貨篇 11.

12 孔子가 말하는 "樂"이란 보통 祭祀나 그 밖의 다른 儀禮에서 연주되는 음악인데 그것은 대체로 무용을 동반한다.

2 里仁篇에서 孔子는 "里仁爲美, 擇不處仁, 焉得知"[13] 라고 말한다. "仁에 거함을 아름답다 함"은 바로 仁의 美에 눈뜸을 뜻하겠다. 仁의 美에 눈뜬 자가 어찌 不仁을 택하겠는가? 孔子는 여기서 인간의 정신성의 아름다움을 택하지 않는 자는 지혜의 눈이 뜨지 못했다고 선언한다. 인간으로서의 지혜를 말한다. 이 구에서 우리는 孔子의 美的 군자관을 본다. 君子는 仁의 아름다움을 안다. 그리하여 "仁을 좋아하고"("好仁"),[14] 仁을 의욕한다. 그렇기 때문에 君子는 仁의 구현인 聖人을 따른다. 孔子의 눈에는 聖人이야말로 가장 아름다운 인간이다. 述而篇에서 孔子는 평생 聖人을 못 만날 것을 한탄한다.[15] 그러면서 그는 또 한편 "仁遠乎哉. 我欲仁, 斯仁至矣"[16]라 말한다. 이는 仁의 세계가 곧 人心의 세계임을 뜻한다. 仁이 人心이니 그것이 어찌 멀겠는가? 그런데 왜 仁이 그렇게 멀어 보이는가? 그것은 나의 동물성 때문이다. 그 때문에 나는 仁을 멀리 한다.

---

13 里仁篇 1. "里仁"과 "處仁"을 같은 뜻으로 해석한다.

14 陽貨篇 8. "好仁"이란 구가 다시 한번 里仁篇 6("吾未見好仁者, 惡不仁者…")에 나온다. 孔子는 子罕篇 18에서 "吾未見好德如好色者也"라 선언한다. "好德"을 "好色"에 비하는 것은 역시 德이 美的 내지 意欲的 대상임을 나타내는 비교이다. "好仁"도 비슷한 함축을 갖겠다.

15 "子曰, 聖人吾不得而見之矣"(述而篇 25).

16 述而篇 29.

雍也篇에서 孔子는 子夏에게 "小人儒"가 되지 말고 "君子儒"가 되라고 가르친다.[17] 君子儒나 小人儒나 똑 같이 "儒"라는 뜻에서는 다를 것이 없겠다. 둘 다 人道를 따르고 禮의 생활에 헌신하는 선비다. 그러면 그 구별은 어디서 오는가? 學而篇에 다음 문답이 나온다. "子貢曰, 貧而無諂, 富而無驕, 何如. 子曰, 可也. 未若貧而樂道, 富而好禮者也."[18] 나는 이 孔子의 답에서 君子儒와 小人儒의 차이를 엿본다. "가난하되 남에게 아첨하지 않고, 부하되 교만하지 않는" 태도는 君子만이 아니라 小人도 취할 수 있겠다. 하지만 "가난하면서 道를 즐기고, 부하면서 禮를 좋아하는" 자는 드물다. 참 君子만이 할 수 있는 일이다. 그래서 孔子는 顔回를 칭찬하면서 "참 현명하구나 回는! 한 그릇 도시락밥과 한 그릇 표주박 물로 누항살이 한다. 남은 그런 어려움을 차마 견디지 못하리라. 그래도 回는 그의 樂을 바꾸려 하지 않는다. 참 현명하구나 回는!"[19]하고 감탄한다. 回의 "樂"이란 바로 "樂道" 즉 道에 사는 즐거움이다. 孔子가 가르치는 道는 人道이다.[20] 따라서 仁道이다. 그런즉 顔回의 樂은 곧 仁의 생활을 하는 즐거움이겠다. 孔子는 같은 편에서 또 이 제자를 칭찬하기를 "回는 그 마음이 석 달 동안

---

17 "女爲君子儒, 無爲小人儒"(雍也篇 13).

18 學而篇 15.

19 "賢哉回也, 一簞食, 一瓢飮, 在陋巷, 人不堪其憂, 回也不改其樂, 賢哉回也"(雍也篇 9).

20 "子曰, 人能弘道, 非道弘人也"(衛靈公篇 29) 참조.

仁을 어기지 않는다. 나머지〔제자들〕는 하루나 한 달 동안 〔그 경지에〕 미칠 뿐이다"[21]라 한다. 孔子에 있어서 君子와 小人의 차이는 궁극적으로 仁의 미에 눈이 떴느냐 안 떴느냐 하는 데 있다. 君子儒는 小人儒와 달라 仁의 미에 눈이 떴기 때문에 道와 禮의 미를 또한 본다. 그러기에 "樂道"하고 "好禮"할 수 있는 것이다.

여기서 君子의 즐거움은 단순히 도덕생활에 그치지 않는다는 것을 강조하겠다. 孔子는 季氏篇에서 君子의 세 가지 ("유익한") 즐거움 중에 "禮樂을 절제있게 하는 즐거움"[22]을 든다. 또 述而篇에서 그는 君子의 생활을 요약하여 말하기를 "志於道, 據於德, 依於仁, 游於藝"[23]라 한다. 마지막의 "藝"는 보통 禮樂을 포함한 六藝[24]를 가리킨다고 해석한다. 孔子가 齊에 갔을 적에 韶樂[25]을 듣고 석달 동안 고기맛을 잊었다는 에피소드는[26] 그가 얼마나 그 음악을 즐겼느냐는 것을 말하겠다. 그 즐거움 앞에 다른 세상 즐거움이 다 자취를 감추었다는 것이다. 두말할 것 없이 이는 심미적인 즐거움이었겠다.

내가 여기서 君子의 심미적인 즐거움과 아울러 孔子 자신

---

21 "回也, 其心三月不違仁, 其餘則日月至焉而已矣"(雍也篇 7).

22 "樂節禮樂"(季氏篇 5).

23 述而篇 6.

24 六藝는 禮와 樂 외에 射, 御, 書, 數를 포함한다.

25 "韶(樂)"은 聖王 舜의 조정에서 연주된 음악으로 전해져 있다.

26 "子在齊, 聞韶, 三月不知肉味, 曰, 不圖爲樂之至於斯也"(述而篇 13).

의 심미적인 면을 강조하는 것이 전통적인 유교의 관점에서는 납득이 잘 안 갈지 모른다. 과연 그 전통이 그리는 군자관과 孔子像에서는 그 도덕주의 때문에 심미적인 면은 매우 찾아보기 힘들다. 유교의 도덕주의는 대체로 孔子의 심미적인 면을 아주 도외시하거나 그렇지 않으면 그것을 (道德)善에 흡수시켜 버리는 경향이 있다. 그것은 孔子의 仁을 윤리개념으로 해석하는 데서 오는 폐단이리라. 그 관점에서 仁은 결국 至高善이어서 美는 마치 善의 외양인 듯이 취급되고 만다.[27] 그러나 이것은 억지의 이론이다. 八佾篇에서 孔子는 韶樂을 찬양하여 "盡美矣, 又盡善也"라 하고 또 武樂[28]을 찬양하여 "盡美矣. 未盡善也"라 한다.[29] 이는 경험상에서 하는 발언임이 틀림없다. 경험적으로 "美'와 "善"은 혼돈할 수 없는 것이다. 내가 주장하는 바는 孔子는 "善"을 경험하듯이 또 "美"를 경험하였다는 것이다. 仁을 (道德)善과 동일시하는 경우에는 美를 美로 시인하지 않고 善에 흡수시키지 않을 수 없겠다. 그러지 않고서는 美를 仁의 세계 밖에서 찾아야 하기 때문이다. 이는 孔子의 근본 개념인 仁을 윤리개념으로 해석하는 입장에서는 허용할 수 없겠다. 만일 美의 경험이 과연 仁 밖에서만 가능하다면, 美를 감탄

---

27 아래 주 29를 참조.

28 "武(樂)"은 周朝의 시조인 武王의 조정에서 연주된 음악으로 전해져 있다.

29 朱子는 그의 주에서 "美者聲容之盛, 善者美之實"이라 한다. 이는 美를 善에 흡수시키는 좋은 예이다. 도덕주의적 해석의 결과라 하겠다. 錢穆은 "盡美"를 "聲容之表於外者"로, "盡善"을 "聲容之蘊於內者"로 해석한다. 이 역시 美를 善에 동화시키려는 해석이다. 『論語新解』, 上(臺北, 1956), 105면 참조.

하는 孔子는 말하자면 仁의 세계에서 휴가 간 것으로 봐야 하지 않겠는가? 나는 孔子의 仁을 단순히 인간의 정신성에서 찾음으로써 (도덕주의적인 해석이 당면하는) 그와 같은 딜레마에 빠지지 않는다. 심미적인 경험은 (道德)善의 경험과 같이 仁의 세계에서만 찾을 수 있다. 그것은 仁의 세계가 곧 인간의 정신세계이기 때문이다.

3

孔子의 본래의 성향은 실천적이었다기보다 오히려 심미적이었다. 이 사실은 先進篇의 마지막 장에 잘 드러난다. 이 장은 『論語』에서 가장 긴 장인데, 거기서 孔子가 『論語』에선 드물게 제자들과 한가히 앉아 서로의 삶의 꿈을 나누는 것이 아름답게 묘사된다. 서두에서 孔子가 시좌하고 있는 네 제자에게, 만일 세상이 저들을 알아준다면 저마다 뭘 하겠느냐고 묻는다. 처음의 두 제자〔子路, 冉有〕는 각기 품은 정치적 꿈을 토로하고, 셋째 제자〔公西華〕는 종묘나 제후의 회합의 의례에서 돕는 역할을 맡고 싶다고 말한다. 끝으로 孔子는 曾晳에게 묻는다. 석이 그때까지 나지막하게 타고 있던 거문고를 놓고 일어나서는 자기 원은 앞의 세 동료와 다르다고 말한다. 그러면 어떠냐고 하면서 말하라는 孔子의 권에 못 이겨 석은 자기의 꿈을 다음과 같이 말한다. "莫春者春服旣成, 得冠者五六人

童子六七人，浴乎沂，風乎舞雩，詠而歸"[30]라고. 따스한 늦은 봄에 두터운 겨울옷을 벗어버리고 가벼운 봄옷차림을 하고, 젊은이들을 데리고 강가에 가서 멱감고, 언덕에 올라가 바람을 쐬고는 노래 부르며 돌아오는 꿈, 이 얼마나 소박하고도 아름다운 꿈인가? 신선을 꿈꾸는 꿈같다. 이 말을 듣고 孔子는 감탄하면서 자기는 석의 꿈을 같이한다고 말한다. 석의 원은 분명히 먼저 말한 제자들의 실천적인 원과 다르다. 또 그들의 꿈은 세상이 알아서 저들을 써 주는 것을 전제하는데 반하여 그의 꿈은 자적하는 자의 꿈이 아닌가? 이 꿈은 남이야 알아주거나 말거나 이룰 수 있는 꿈이리라. 과연 孔子는 바로『論語』첫 장에서 "人不知而不慍，不亦君子乎"라 말하였겠다.[31]

孔子가 음악을 극히 좋아한 것은『論語』를 읽은 자는 누구나 알리라. 나는 늘 거문고를 몸 가까이에 두어 틈나는 대로 그걸 타는 孔子를 상상한다.『史記』에 의하면 그가 한 번은 제자들과 같이 陳과 蔡 사이의 광야에서 양식마저 떨어져 극심한 곤경에서 헤맨 적이 있다. 그때 제자들은 굶주려 일어나지 못할 지경인데, 孔子는 詩를 읊으며 거문고를 탔다고 史馬遷이 기록한다.[32] 그는 과연 무엇이든지 깊이 즐길 때는 만사를 잊는 인간이었다. 그가 소악을 듣고 석 달 동안 고기맛을 몰랐다는

[30] 先進篇 26.

[31] 學而篇 1.

[32]『史記』，孔子世家(卷47) 참조. 또 衛靈公篇 2 참조.

에피소드는 그것을 충분히 증명한다. 과연 孔子는 자신의 성품을 묘사하기를 "그 위인은 분발하면 식사를 잊고, 〔무엇을〕 즐기면 근심을 잊는다"[33]라고 한다. 『論語』의 첫 구절이 "學而時習之, 不亦說乎. 有朋自遠方來, 不亦樂乎…"인 것은 우연이 아니리라. 孔子는 심지어 일상생활에서도 기쁨을 경험하는, 감성 깊은 인간이었다.

이 심미적 인간 孔子가 그 군자교육에 있어서 인간의 심미면을 강조한 것은 이해하고도 남음이 있겠다. 그는 무엇보다 제자들에게 仁에 대한 美感, 즉 인간 정신성의 미에 대한 감수성을 일깨우는 데에 힘썼다. 孔子는 詩에서 仁의 美의 세계를 발견한다. 따라서 그는 교수과목에 詩를 포함하였다. 인간적인 美에 대한 감성 없이는 君子(儒)로서 禮樂을 행할 수도 없고 즐길 수도 없다. 陽貨篇에서 孔子는 제자들에게 타이르기를 "小子, 何莫學夫詩, 詩可以興"[34]라고 말한다. 詩가 "일으키는" 것이 무엇인가? 그것이 바로 인간다운 (정신성의) 미(美)의 감수성이다. 또 陳亢과 伯魚의 대화에서 孔子는 "不學詩無以言

---

33 "其爲人也, 發憤忘食, 樂以忘憂"(述而篇 18). 이 구에서 孔子가 그의 열정적인 성격을 그리고 있다고 해석하는 것이 자연스럽겠다. 그러나 주석자들은 대체로 이 구를 특히 학문에 대한 말로 해석한다. 예를 들면, 金谷治는 그의 풀이에서 "그의 위인은 〔學問에〕 發憤해서는 식사를 잊고, 〔道를〕 즐겨서는 근심걱정을 잊는다"(괄호는 원문에 있음)라고 하고, 錢穆은 그의 주에서 "學有未得, 憤而忘食, 學有所得, 樂以忘憂"라 한다. 金谷治, 『論語』(東京, 1988), 97면; 錢穆, 『論語新解』, 上, 239면 참조. 이런 도덕주의적 내지 학문적 해석은 억지라 본다. 바로 같은 편, 다섯 장 앞에 공자가 齊에서 韶樂을 듣고 "아, 음악이 이(경지)에 다다르리라고는 예기치 않았다"는 감탄의 말이 나오지 않는가? 왜 꼭 孔子가 학문에만 발분하고, 또 꼭 학문 혹은 道만을 즐긴다고 해석해야 하는가?

34 陽貨篇 9.

也"[35]라고 말한다. 詩의 언어는 사람다운 정서의 언어다. 그런즉 詩를 공부하지 않고서 어찌 남과 사람답게 의사소통을 하겠는가?[36]

4 물론『論語』에 실린 孔子의 말은 주로 윤리적 발언이다.[37] 그러나 또 詩나 樂에 관한 발언도 적지 않다. 이런 발언은 순전히 도덕가의 발언으로서는 이해하기 힘들다. 孔子는 "詩三百, 一言以蔽之, 曰, 思無邪"[38]라 말한다. 이 말에서 "思無邪"를 꼭 도덕적 의미로 해석해야 하는가?『詩經』의 노래는 대부분이 도덕윤리와는 무관하다. 거기에는 연가나 애가는 물론 농사나 사냥하는 노래도 있다. 효성이라든가 형제관계를 주제로 하는, 말하자면 "도덕적" 노래도 있지만 그 수는 얼마 안 된다. 그처럼 다양한 삶의 노래들을 포함하는 "詩三百"을 "思無邪"란 한마디로 "덮는" 孔子의 뜻은 무엇인가? 나는 "無邪"

35 季氏篇 13.

36 앞의 孔子와 子貢의 대화(學而篇 15)에서 子貢이 孔子의 답을 듣고 "如切如磋, 如琢如磨"라는 구를 詩에서 인용한다. 그것을 듣자, 孔子는 "賜야, 그대는 이제야 말로 더불어 詩를 말하겠다"라고 칭찬한다.

37 이 사실로 미루어 孔子가 실제로 주로 윤리적인 발언을 했다고 속단을 내릴 수는 없겠다. 특히『論語』의 성립 과정을 고려할 때 그렇지 않을까? 통설에 의하면『論語』편찬은 孔子의 제자들의 門徒들의 손을 거쳤다고 한다. 만일 唐의 柳宗元의 說대로 曾子의 문도들이 撰錄한 것이라면,『論語』에 윤리 계통의 발언이 많은 것은 孝나 忠恕와 같은 덕목을 강조한 曾子의 제자들이 그것을 편찬한 탓일 가능성이 없지 않으리라.

38 爲政篇 2.

를 審美的으로 순수한 "인간다움"이란 뜻으로 해석한다. 邪心없는 세계가 곧 아름다운 仁의 세계가 아니겠는가? 孔子는 예컨대 복역의 불림을 받아 집을 떠나 멀리 가서 언제 돌아올지 모르는 남편을 그리워하는 여인의 노래에서 仁을 美를 느낀다. 八佾篇에서 孔子는 『詩經』의 첫 가요, "關關雎鳩"를 평하여 "樂而不淫, 哀而不傷"[39]이라고 한다. (이 구의 "不淫"이 곧 "無邪"가 아닌가?) "즐겁되 난잡스럽지 않고, 슬프되 애통스럽지 않다"라는 말은 심미적인 발언이다. 孔子는 이 노래에서 미의 세계의 즐거움과 슬픔을 경험하지 않는가? 이 장은 마땅히 詩評으로 읽어야 하겠다.

다음 장들은 분명히 심미적으로밖에는 읽을 수 없는 장들의 좋은 예리라.

> 子語魯大師樂曰, 樂其可知已, 始作翕如也. 從之純如也, 皦如也, 繹如也, 以成.[40]
>
> 子曰, 師摯之始, 關雎之亂, 洋洋乎盈耳哉.[41]
>
> 唐棣之華, 偏其反而, 豈不爾思, 室是遠已. 子曰, 未之思

---

39 八佾篇 20.

40 "스승이 魯의 악장에게 말씀하시기를, '음악이란 가히 〔이렇게〕 이해할 수 있겠지요. 처음에 도입은 합주로 일으키고, 연주는 조화롭고, 명료하고, 중단함이 없이 계속되는 거겠지요. 그래서 종말을 짓겠지요'라고"(八佾篇 23).

41 "스승이 말씀하시기를, '樂師 摯가 작곡한 〔'關雎'의〕 종말은 참으로 양양하여 귀에 넘친다'라고"(泰伯篇 15).

也, 夫何遠之有哉.[42]

이 구절들은 우리 귀에도 음악평론가나 시평론가의 발언으로 들리지 않는가? 도덕주의적으로 읽는 것은 억지일 뿐만 아니라 孔子란 인간을 왜곡하는 결과를 가져오겠다.

衛靈公篇의 끝 장에 孔子가 樂師 冕의 방문을 받고 정성스레 그를 맞는 장면이 나온다.

그가 층계에 다다르자 孔子는 "여기에 계단이 있습니다"하고, 그가 좌석에 이르자 "여기에 자리가 있습니다"하고, 그 후 다들 자리에 앉자, "아무개는 여기에 있고, 아무개는 여기에 있습니다"하고 제자들을 소개한다. 그가 떠난 뒤에 子張이 스승에게 "그렇게 하는 것이 악사에게 말씀하는 도리입니까?"하고 묻는다. 스승이 대답하기를 "그럼. 물론 그렇게 하는 것이 악사를 도와 모시는 길이지" 한다.[43]

고대중국에 있어서 樂師들이 모두 장님이었다는 사실을 고려할 때, 이 에피소드는 당연한 일로 들리리라. 그러나 子張의

---

42 "'산벚 꽃이 펄럭이누나. 어찌 그대를 아니 생각하겠는가? 집이 멀기만 하구나.' 〔이 詩句에 대해 평하여〕 스승은 말씀하시기를, '정말 생각하고 있는 것은 아니다. 어찌 먼 거리가 있겠는가?'라고"(子罕篇 32). 첫 부분("唐棣之華… 室是遠已")은 逸詩. 현존한 『詩經』에는 없음.

43 衛靈公篇 41.

물음은 단순히 눈먼 악사를 그렇게 일일이 인도하는 것이 옳은 도리냐는 물음이 아니었으리라. (그건 사실 상식이 아니겠는가?) 그의 물음은 오히려 공자가 악사를 인도하면서 표시한 그의 경건한 태도였으리라. 그 물음에 대해 "然"이라고 답하는 孔子의 말에서 나는 악사에 대한 그의 특별한 "경건한" 태도를 엿본다. 이 경건함은 실상 음악에 대한 그의 비상한 태도를 반영하는 것이 아닌가? 그것은 信心이 두터운 신도가 그가 모시는 성직자에 대해 느끼는 경건심에 비할 수 없을까? 음악에서 仁의 美를 경험하는 공자가 악사를 음악의 성직자로 대했으리라는 것이 무리한 해석일까?

5 公冶長篇에서 子貢이 孔子가 "文章"에 관해 말하는 것은 들을 수 있었어도 "性" 즉 人性이나 "天道"에 대해 말하는 것은 들을 수 없었다고 보고한다.[44] 여기의 "文章"은 우리가 오늘날 사용하는 뜻이 아니라 넓게 文化(culture)란 뜻으로 詩書禮樂을 가리킨다.[45] 이 구는 흔히 孔子가 (인간의) 본성이나 천도와 같은 형이상학적인 테마를 회피한 증거로 인용되는

44 "夫子之文章, 可得而聞也, 夫子之言性與天道, 不可得而聞也已矣"(公冶長篇 13).

45 金谷治, 『論語』, 67면 木村英一, 『論語』, 110면; 貝塚茂樹, 『論語』(東京, 1973), 128면; Wing-tsit Chan, *A Source Book in Chinese Philosophy*(Princeton, 1963), 28면; Arthur Waley, tr., *The Analects of Confucius*, 110면 등 참조. 朱子는 주하기를 "文章德之見乎外者. 威儀文辭皆是也"라 한다. 이는 도덕주의적 해석이다.

데, 나는 이 보고에서 동시에 孔子의 관심이 단순히 도덕윤리의 토픽에 한정되지 않고 넓게 문화 일반에 걸쳤다는 증거를 본다.[46]

왜 孔子는 "文章" 즉 詩書禮樂을 중요시하는가? 이는 단순히 귀족다운 교양을 위해서가 아니다. 그것은 "文章"의 세계가 바로 君子의 세계이기 때문이다. 君子는 그것을 통해 인간성(仁)의 미를 발견하고, 또 그것을 통해 사람다운 (仁의) 생활을 실현할 수 있다. 雍也篇에서 孔子는 "質勝文則野, 文勝質則史, 文質彬彬, 然後君子"[47]라고 선언한다. 이 구에서 "質"은 내용 즉 마음을 뜻하고, "文"은 표현 혹은 장식을 뜻한다. 그의 뜻은 내용과 바깥 표현이 조화를 이룰 때 비로소 참 君子답다는 것이다. 아무리 내용이 충실해도 그것이 바로 표현되지 않으면 야비함을 면하지 못하고, 아무리 표현이 세련돼 있어도 내용이 없으면 그것은 한낱 글쟁이[48]의 글과 같다는 것이다. 특히 "野"에 "거칠다"라는 뜻이 있음을 유의하자. 그것은 美感에 거스른다는 함축이 있다. 仁의 생활은 올바른 표현을 요구한다. 따라서 孔子는 사람다운 정신성의 배양과 아울러 詩書禮樂을 중시한다.

---

46 述而篇 24에 孔子가 "文行忠信"의 네 토픽을 가르쳤다고 기록돼 있다. 여기의 "文"도 역시 詩書禮樂을 총체적으로 가리킨다.

47 雍也篇 16.

48 "史"는 고대중국에서 문서작성을 담당하는 기록관이어서, 말하자면 글재주를 파는 글쟁이라 하겠다.

泰伯篇에서 孔子는 "興於詩, 立於禮, 成於樂"[49]라고 말한다. 이 구절은 흔히 儒生의 배움 과정의 세 단계로 해석하지만[50] 나는 달리 읽는다. 이 구에서 孔子는 詩와 禮와 樂이 각각 君子의 생에 어떻게 기여하는지를 간결하게 말하고 있다. "詩에 일어나는" 것이 무엇인가? 인간의 정신세계 즉 仁의 아름다움에 대한 감수성이다.[51] 이 감수성 없이 "樂道," "好禮"의 생은 불가능하다. 우리는 앞에서 이미 "詩可以興"이란 글을 읽었다. "立於禮"[52]는 君子는 禮를 배워 그것을 이행함으로써 비로소 인간사회의 일원으로 선다는 뜻이다. 君子가 禮의 사회를 떠나 어디서 살겠는가? 금수와 같이 하겠는가?[53]

"成於樂"의 해석이 구구하다. 음악으로 무엇을 이루는가? 흔히 人性이나 德을, 혹은 인격이나 교양을 완성한다고 해석한다.[54] 무슨 뜻에서? 그리고 어떻게? 이런 해석은 너무나도 추상

---

49 泰伯篇 8.

50 朱子는 "興於詩"를 "學者之初," "立於禮"를 "學者之中," "成於樂"을 "學者之終"이라 해석하며, 이 세 단계를 도덕인의 완성 과정으로 설명한다. 錢穆도 그를 따른다. 『論語新解』, 上, 274-275면 참조. 일본 주석자들은 대체로 이 구를 꼭 수학의 세 단계로는 보지 않지만, 역시 윤리적으로 교양인의 완성 과정으로 해석한다. 木村英一, 『論語』 195-196면; 貝塚茂樹, 『論語』, 219-220면; 金谷治, 『論語』, 109-110면 참조.

51 朱子는 "興於詩"에 주하기를, 詩가 "好善惡惡之心"을 일으킨다고 한다. 이는 좁은 도덕주의적인 해석이다. 공자가 찬양하는 정신세계는 윤리세계에 극한하지 않는다. 물론 詩 즉 『詩經』의 세계는 훨씬 더 넓다.

52 朱子는 "立於禮"에 주하기를, "學者"는 禮를 통하여 비로소 "卓然自立"하게 된다고 한다. 錢穆의 해석도 거의 같다. 그는 "學者之卓然自立"이라고 주한다. 『論語新解』, 上, 274면 참조.

53 "不學禮無以立也"(季氏篇)란 구가 우에서 언급한 陳亢과 伯魚와의 대화에 나온다. 한 에피소드에서 孔子는 子路가 隱士 둘(長沮와 桀溺)에게 나루터를 물어보고 돌아와 보고하는 것을 듣고 나서 憮然히 "鳥獸不可與同羣"라 말한다. (微子篇 6).

적이거나 도덕주의적이다. 나는 이 구를 무슨 윤리적인 뜻으로 아니라 단순히 음악이 주는 미적 충족감에 비추어 해석하려 한다. 孔子가 제에서 소악을 들은 이야기를 다시 상기하자. 그는 그 음악을 듣고 무한한 환희 혹은 완성감을 느꼈으리라. 여기서 孔子가 "樂에 이룬다"고 선언하는 것은 그런 미적 완성감의 경험에서 하는 말이리라.[55] 그렇게 읽는 것이 특히 음악에 대한 孔子의 지극한 감수성을 고려할 때 이해가 잘 갈 것이다. 孔子가 유독 음악에서 겪는 미적 경험에서 君子의 생의 완성을 찾는다는 사실에서 우리는 다시금 그의 심미적 군자관을 확인하겠다.

6

나는 이때까지 孔子의 심미적인 면을 강조해 왔다. 그것은 물론 그를 현실에 등진 인간으로 다루자는 것이 아니다. 그는 과연 仁의 美에 눈이 밝았기 때문에 당시 不仁의 정치 현실을 무시할 수 없었다. 그는 심미적인 낭만주의자가 아니었다. 孔子는 春秋時代의 혼란기를 거쳐 쇠퇴해 온 周의 문화를 보고, 그것을 다시 일으키는 일에 그의 일생을 바친다. 그의 군자

---

54 孔安國은 "成於樂"을 "樂所以成性"이란 뜻으로 읽는다. "成"을 朱子는 그의 주에서 "成材"로, 錢穆은 그의 『論語新解』(上, 275면)에서 "學之成"으로 해석한다. 또 木村英一, 『論語』, 196면; 貝塚茂樹, 『論語』, 220면 참조.

55 여기서 "成"은 인간으로서는 더 이상 바랄 수 없는, 완전한 충족감, 최고의 경험을 뜻한다고 읽을 수 없을까? 말하자면 신선의 즐거움에 가깝다고 할 수 없을까?

교육뿐만 아니라 도덕정치의 가르침도 실은 그가 사랑하는 文王과 周公의 禮樂을 회복하려는 작업에 지나지 않았다. 그 작업을 그는 天이 그에게 부과한 사명으로 여겼다. 그가 匡에서 난을 당해 생명의 위협을 받았을 때 한 말이 있지 않는가? "天之未喪斯文也, 匡人其如予何"[56]라 하였다.

여기서 "斯文"이란 물론 周의 문화를 두고 하는 말이다. 孔子는 "斯文"을 사랑하였다. 述而篇 첫 장에서 그는 그의 작업은 先賢의 가르친 바를 펴는 일이지 새로 무엇을 창작하여 가르치려는 것이 아니라고 말하면서 "信而好古"[57]라 고백한다. 이 구는 단순한 전통주의나 상고주의적 발언으로 들릴 수 있겠다. 그러나 孔子가 뜻하는 "옛 것"이란 바로 "斯文" 즉 文王이 창시한 周의 문화를 가리킨다. 孔子의 "好古"는 "斯文"에 대한 사랑이다. 그는 "斯文"에서 仁의 미를 보았다. 그 반면에 제후할거하는 시대에 눈에 보이는 것은 모두 (人/仁)道와 禮를 거스르는 것이었다. 그 不仁의 시대를 그는 차마 보고 견딜 수 없었던 것이다. 그래서 그의 심미적인 성향에도 불구하고, 아니 되레 그 성향 때문에, 孔子는 노구를 끌고 십사년 동안이나 그를 써 줄 군주를 찾아 제국을 돌아다녔으리라.

---

[56] 子罕篇 5.

[57] 述而篇 1.

7 나는 이 試論에서 孔子의 심미적 군자관을 논하면서 仁의 개념에 美的 해석을 주었다. 동시에 孔子를 審美的인 인간으로 그렸다. 이와 같이 미적 관점에서 『論語』를 읽는 것은 전통적인 『論語』 읽기와 너무나 거리가 멀다. 前漢 이래 그 많은 주석자들이 거의 다 예외없이 『論語』를 윤리서로 읽어 왔다. 그들에게 仁은 근본적으로 윤리적 개념이었고, 君子는 도덕적 인간형이었고, 또 孔子는 도덕적 철인으로만 보였다. 그런데 나는 이러한 도덕주의적인 『論語』 해석에 문제점을 본다. 『論語』에 드러나는 孔子像은 일차원적인 도덕인이 아니다. 그의 다차원적인 모습은 모든 인간적인 것(仁)에 미를 보는 그의 심미적인 성향을 감안할 때 당연하다고 하겠다. 그래서 그는 仁을 가르치고 詩書禮樂을 가르치고 또 禮治, 德治를 가르쳤다. 이 모든 것에 그는 仁의 미를 보았기 때문이다. 동시에 不仁을 싫어했기 때문에 서로 힘 싸움을 일삼는 당대의 위정자들을 신랄하게 비평하였던 것이다.

끝으로 단서를 붙이겠다. 이 논문에서 나는 孔子의 미적 군자관의 근거를 그의 미적인 仁의 개념에서 찾았다. 독자 중에는 이 仁 해석에 찬동하지 않는 자들이 있으리라. 그렇더라도 孔子의 미적 군자관은 수락할 수 있지 않을까? 孔子의 미적 군자관이 반드시 仁에 대한 미적 해석을 전제한다고는 고집하지 않는다. 또 혹시 孔子의 군자관에 대한 나의 해석에 찬동을 아니 하더라도, 적어도 『論語』에 드러나는 다차원의 孔子像은 인정할 수 있지 않을까? 어떤 의미에서 이 소론은 도덕주의적인 해석으로 인해서 왜곡된 다차원의 孔子像을 도로 찾자는 노력에 불과하다.

찾아보기_ 인명

찾아보기_ 사항 | 개념

지은이 김 하 풍 金河豊

1928년 함북 출생
서울대학교문리대에서 독문학 전공(1948~1950)
1955년에 도미 유학, 철학 전공, 철학박사(Boston University, 1964)
Eastern Illinois University에서 23년간 철학교수, 1990년에 정년퇴직

美의 기쁨 — 哲學的 斷想

초판 1쇄 인쇄 2006년 6월 20일 | 초판 1쇄 발행 2006년 6월 25일
발행인 김종량 | 발행처 한양대학교출판부
주소 133-791 서울 성동구 행당동 17번지
전화 02)2220-1432~4 | 팩스 02)2220-1435
홈페이지 www.press.hanyang.ac.kr | 전자우편 presshy@hanyang.ac.kr
출판등록 제4-7호(1972년 2월 29일) | 인쇄처 화신문화(주)

값 12,000원

ISBN 89-7218-310-5 03100